VANESSA ÉRICA DA SILVA SANTOS

Mestra em Sistemas Agroindustriais pela UFCG, Especialista em Direito do Trabalho pela UNOPAR, em Gestão Pública pelo IFPB e em Direito Penal e Processo Penal pela UFCG.

ESTABELECIMENTOS PRISIONAIS AGRÍCOLAS NO BRASIL

UMA FERRAMENTA DE RESSOCIALIZAÇÃO, GESTÃO PÚBLICA SUSTENTÁVEL E FOMENTO AO SETOR AGROINDUSTRIAL

S237 Santos, Vanessa Érica Silva

     Estabelecimentos prisionais agrícolas no brasil: uma ferramenta de ressocialização, gestão pública sustentável e fomento ao setor agroindustrial / Vanessa Érica da Silva Santos – 1ed. -. Andradina: Meraki, 2020.

     Bibliografia

     ISBN 979-86-462-3291-6

     1. Estabelecimentos prisionais 2. Gestão pública 3. Ressocialização

     1. Título

     CDU - 351   CDD – 353.3

Dedico esse livro à minha avó, que foi sempre a minha maior incentivadora e me proporcionou a realização de todos os meus sonhos

LISTA DE GRÁFICOS

LISTA DE FIGURAS

LISTA DE TABELAS

SUMÁRIO

AGRADECIMENTOS

A Deus que me mostra que sou capaz de enfrentar todos os obstáculos.

De forma muito especial agradeço ao meu marido Edyfran, a minha família, em especial Mainha e vovó, que através de suas existências mostram a necessidade de sempre persistir em meus sonhos, a eles o agradecimento e a dedicatória de todas as conquistas da minha vida.

Aos meus alunos, que me despertaram a grande paixão pelo ensino e pela pesquisa.

Agradeço de forma especial ao meu amigo e orientador, Professor D. Sc. Patrício Borges Maracajá, que sempre esteve de sorriso e braços abertos para me acolher e demonstrar sua confiança à minha pesquisa.

PREFÁCIO

É com grande satisfação e alegria que apresento o livro da jovem advogada e professora Vanessa Érica da Silva Santos, que apesar da tenra idade, é grande conhecedora das ciências jurídicas e faz do seu saber um instrumento para transformar vidas.

A obra intitulada *"Estabelecimentos prisionais agrícolas no Brasil: uma ferramenta de ressocialização, gestão pública sustentável e fomento ao setor agroindustrial"* é fruto das pesquisas desenvolvidas pela autora no Programa de Pós Graduação em Sistema Agroindustriais da Universidade Federal de Campina Grande - UFCG, para obtenção do grau de mestre.

Escrita numa linguagem clara e didática a obra trata de uma temática instigante e hodierna, qual seja: *Ressocialização e Sustentabilidade*. No transcorrer dos capítulos, a autora demonstra os desafios impostos ao sistema carcerário brasileiro, ao tempo em defende a implementação do trabalho do apenado como uma medida de caráter interdisciplinar capaz de promover a sua ressocialização.

Assim, ante a situação de flagrante desumanização e precariedade do cárcere brasileiro, o texto propõe uma discussão holística sobre a temática da ressocialização, destacando a importância da utilização de uma gestão carcerária sustentável, ou seja, que reflita positivamente no campo social, ambiental e econômico, contribuindo significativamente com o desenvolvimento sustentável.

Por conseguinte, a autora instiga a reflexão sobre a importância dos estabelecimentos prisionais agrícolas no processo de ressocialização e promoção da gestão carcerária sustentável, pois além de serem locais destinados ao cumprimento da pena, possibilitam a execução de práticas agrícolas pelos apenados revertidas em proveito da própria comunidade carcerária, a exemplo da redução dos custos com alimentação. Além disso, o contato com trabalho auxilia no processo de reinserção social, devolvendo autoconfiança e dignidade ao preso, além de contribuir com setor agroindustrial, o qual poderá se utilizar de mão de obra barata, reduzindo, desta forma, os custos da produção.

Por fim, entendo que por seu caráter interdisciplinar, o livro destina-se a alunos de graduação, pós-graduação e pesquisadores das mais diversas áreas do conhecimento, sobretudo das ciências jurídicas e sociais. Da leitura emana um texto agradável de fácil compreensão ao tempo em que aborda, de forma profunda, a temática escolhida.

Só me resta desejar a sua jovem e dedicada autora todo o sucesso que merece!

Souza, 13 de maio de 2020

Hérika Juliana Linhares Maia
Mestre e Doutora pelo Programa Interdisciplinar de Recursos Naturais da UFCG e Professora da FASP e UNIFIP

INTRODUÇÃO

A presente pesquisa procura estudar de forma conjunta duas problemáticas sociais. De um lado têm-se a necessidade de difundir a sustentabilidade para que as presentes e futuras gerações possam usufruir de um meio ambiente ecologicamente equilibrado. De outro lado, temos a população carcerária que aumenta a cada dia por um sistema defasado que não ressocializa os apenados, trazendo consequências no setor econômico com o alto custo dos presídios e com a violência social que tem cada vez um número mais alto de criminosos. A partir desses dois contextos, se vislumbra a possibilidade de políticas públicas e práticas sustentáveis como exemplo de empregos verdes e agricultura sustentável, que pudessem ao mesmo tempo combater todas as problemáticas, com a geração de presídios sustentáveis. Conforme Dias (2016), muitos educadores acreditam que a educação ambiental como instrumento de aprendizagem pode gerar um comportamento ambiental responsável nas pessoas.

No Brasil, o movimento de sustentabilidade ambiental para dentro dos presídios brasileiros ainda é lento. Os presídios que apresentam uma gestão voltada para a sustentabilidade trabalham isoladamente, sem haver no país uma política pública nacional em prol do presídio sustentável.

Procurou-se diagnosticar todos os estabelecimentos prisionais agrícolas brasileiras, se enquadrando as penitenciárias agrícolas (em regra para regime fechado) e colônias penais agrícolas (em regra para o regime semiaberto) averiguando por regiões brasileiras a distribuição dos referidos estabelecimentos agrícolas e o modo que estão sendo desenvolvidas a agricultura, a partir de dados governamentais, para assim, entender e propor uma nova ferramenta ao sistema agroindustrial, dado a junção de espaço e mão de obra barata para os investidores e a necessidade de ressocialização e sustentabilidade pelo governo.

Assim, a presente pesquisa visa a análise da gestão ambiental nos estabelecimentos penais agrícolas, procurando fomentar uma proposta de agricultura e práticas autossustentáveis, como forma de melhoramento de gastos públicos e reinserção social, ao passo que procura refletir sobre como o estado poderia promover políticas públicas sustentáveis.

Neste diapasão, será analisado como vem sendo desenvolvido a agricultura nos referidos estabelecimentos e quais seriam as necessidades para promover de fato um presídio autossustentável.

A pesquisa foi dividida em quatro capítulos. O primeiro capítulo aborda acerca da situação carcerária do país, a partir de dados governamentais (INFOPEN, 2016), demostrando o elevado número de apenados e a necessidade da procura de novas medidas para diminuir a população prisional, além de tratar conceitos gerais básicos sobre os tipos de penas, regimes de cumprimento da pena e estabelecimentos prisionais, de modo a situar os leitores em uma perspectiva jurídica do trabalho.

No segundo capítulo se apresenta a ressocialização como instrumento da criminologia capaz de trazer a redução da criminalidade e bem-estar social, trabalhando acerca da necessidade de cumprimento da legislação para se efetivar o verdadeiro objetivo da pena, qual seja, o de ressocializar. Ademais, também demonstra que o trabalho prisional é uma ferramenta nesse processo de ressocialização, fazendo um diagnóstico das ofertas do sistema carcerário no brasil com dados extraídos do INFOPEN (2016), e inserindo os trabalhos sustentáveis como uma alternativa governamental eficaz.

O terceiro capítulo será feito um recorte de todos os estabelecimentos prisionais agrícolas do Brasil, utilizando-se de dados do SIP- MP 2018, se tabelará por regiões os estabelecimentos que tem natureza agrícola, e se analisará qualitativamente os dados, identificando a população carcerária, e os trabalhos realizados, diagnosticando os aspectos positivos e negativos dos referidos, bem como será comparado a distribuição dos referidos estabelecimentos por regiões brasileiras.

No quarto e último capítulo, será demonstrado as necessidades estruturais necessárias à implementação do sistema agroindustrial como uma ferramenta de ressocialização. Para isso se utilizará de pesquisa realizada em 2018, na colônia Penal Agrícola da cidade de Sousa, em trabalho de conclusão de curso de especialização em gestão pública por esta pesquisadora, como forma de ilustrar a atual gestão pública penitenciária, e a necessidade de mudança. Também foi proposto um modelo de Parcerias Públicas Privadas, como forma de gerenciamento menos custoso para a implementação da ressocialização através do trabalho agrícola.

Ao final, a pesquisa trará um diagnóstico geral e propostas de implementação de forma interdisciplinar de ressocialização, aliada a diminuição de gastos, meio ambiente preservado e fomentação ao setor agroindustrial.

VANESSA ÉRICA DA SILVA SANTOS

1

O SISTEMA CARCERÁRIO BRASILEIRO

Inicialmente, cumpre-se destacar a finalidade do Direito Penal e do Direito Penitenciário no Brasil. Batista (2004, p. 116) preleciona que "a missão do direito penal é a proteção de bens jurídicos, através da cominação, aplicação e execução da pena". Assim, a pena, seria um instrumento de coerção utilizado pelo direito penal para a preservação dos bens, valores e interesses mais relevantes da sociedade (GRECO, 2017).

O Poder judiciário é o responsável pelo processo penal, em que se inicia com a denúncia e termina com a condenação transitada em julgado. Após a sentença condenatória, inicia-se a fase de execução da pena, que é realizada pelo Sistema penitenciário, que deve obedecer aos parâmetros fixados na condenação, embora seja gerido pelo Poder Executivo é fiscalizado pelo poder judiciário através do Juiz de execuções penais.

Diante da execução do *jus puniendi* estatal, têm-se a aplicação da pena como uma retribuição ao ato ilícito cometido pelo agente, através de uma sanção imposta pelo Estado, com a finalidade de evitar novos delitos (SILVA, 2003).

No art. 59 do Código Penal, preleciona a necessidade de as penas serem necessárias e suficientes à reprovação e prevenção do crime. Portanto, consoante a legislação penal pátria a pena deve reprovar o mal provocado com a conduta do agente, ao passo que deve prevenir futuras delinquências (GRECO, 2017).

A referida argumentação é aceita pela doutrina renomada,

conforme expõe Mirabete (2007) que diz: a natureza da pena, nas teorias mistas, é retributiva, com o aspecto moral, contudo, deve atingir a finalidade de prevenção, educação e correção.

Assim, penas devem ser proporcionais ao mal provocado, devem gerar uma prevenção geral, para inibir que outras pessoas cometam os mesmos delitos, e principalmente, devem oportunizar a ressocialização, para reinserir os transgressores recuperados à sociedade.

O sistema penitenciário deve, portanto, seguir os parâmetros fixados pela Lei de Execução Penal para alcançar os referidos objetivos. Nesse parâmetro, a execução deve objetivar a integração social do detento, havendo prevenção e humanização, com vistas a finalidade de punir e humanizar (MARCÃO, 2004). No entanto, é de conhecimento amplo nacional que se tem um sistema falido, que não está atendendo aos propósitos fixados em legislação e trazendo o apelido de Universidade do crime.

A partir dessa conceituação geral acerca das penas, demonstra-se através de levantamentos de dados governamentais a calamidade do referido sistema.

1.1 DOS DADOS GOVERNAMENTAIS SOBRE A POPULAÇÃO CARCERÁRIA

O governo Brasileiro desde 2004 utiliza-se do INFOPEN-Levantamento Nacional Informações penitenciárias, tendo o último levantamento ocorrido em 2016, em que a presente pesquisa utilizou o cenário atual do sistema carcerário.

Registra-se que atualmente ocupamos a 3ª Maior população carcerária do mundo, registrando-se no último levantamento feito em 2016 o quantitativo de 726.712 mil presos. Vejamos os dados:

Tabela 1. Pessoas privadas de liberdade no Brasil em junho de 2016

Brasil - Junho de 2016	
População prisional	726.712
Sistema Penitenciário	689.510
Secretarias de Segurança/ Carceragens de delegacias	36.765
Sistema Penitenciário Federal	437
Vagas	368.049
Déficit de vagas	358.663
Taxa de ocupação	197,4%
Taxa de aprisionamento	352,6

Fonte: INFOPEN (2016, p. 7)

Na referida tabela obtém-se dados gerais colhidos em 2016, a partir de informações de 1422 unidades prisionais. O déficit de vagas é alarmante, como se evidencia, há a necessidade de 368.49 vagas no sistema penal, o que se leva a entender que o sistema não tem conseguido realizar a ressocialização, dado que os números têm aumentado cada vez mais.

Ressalta-se ainda que a superpopulação carcerária é um dos fatores que impedem a ressocialização efetiva, conforme expõe Melo et al. (2014, p.141), quando informa que a superpopulação "[...] proporciona um ambiente insalubre físico, mental e social, pedagogicamente falando. A ausência da dignidade da pena desumaniza ainda mais o indivíduo, gerando agressividade, violência e insensibilidade afetivo-emocional".

As pesquisam seguem com uma preocupação iminente o acréscimo de vagas e penitenciárias, bem como o suporte necessário para esse aumento, no entanto, é preciso repensar uma forma de diminuir o número carcerário para evitar esse dispêndio governamental, bem como contribuir socialmente para o surgimento de menos criminosos.

Segundo explana Melo et al. (2014, p.142), "[...] a prisão, nos moldes atuais, é a mais cruel realidade brasileira, é um meio de degeneração total do ser humano e não um meio educativo como considera, tão brilhantemente, a Lei de Execução Penal".

No Brasil, ocorre a regulamentação das penas privativas de liberdade através da Constituição Federal, pelo Código Penal e regulamentado por meio da Lei 7210/84, a da Lei de Execuções Penais (LEP), que sempre procura ressocializar o apenado, muito embora a realidade prática apresenta-se de forma diferente (FOUCAULT, 2003).

Destaca-se que os comandos constitucionais acerca dos direitos e garantias dos apenados, os quais trazem a integridade física e moral, disposta no artigo 5º, inciso XLIX, sendo corroborado pelo artigo 38 do Código Penal que preleciona a conservação de todos os direitos que não são atingidos pela perda da liberdade (FOUCAULT, 2003).

Ocorre que, no cenário social e político do país não é fomentada as políticas criminais que possibilitem o cumprimento da lei. Mediante a pressão popular na confecção das leis populistas e vazias de aplicabilidade efetiva, o sistema penal a cada dia vem se tornando mais dispendioso, de modo a exigir demasiadamente do Estado e da sociedade.

Partindo para a análise pelos Estados Brasileiros, tem-se os seguintes números:

Tabela 2. Principais dados do sistema prisional brasileiro em junho de 2016, por Unidade da Federação e Sistema Penitenciário Federal

UF	População prisional	Taxa de aprisionamento	Vagas no sistema prisional	Taxa de ocupação	Total de presos sem condenação	% de presos sem condenação
AC	5.364	656,8	3.143	170,7%	1.989	37,1%
AL	6.957	207,1	2.845	244,5%	2.588	37,2%
AM	11.390	284,6	2.354	483,9%	7.337	64,4%
AP	2.680	342,6	1.388	193,1%	628	23,4%
BA	15.294	100,1	6.831	223,9%	8.901	58,2%
CE	34.566	385,6	11.179	309,2%	22.741	65,8%
DF	15.194	510,3	7.229	210,2%	3.651	24,0%
ES	19.413	488,5	13.417	144,7%	8.210	42,3%
GO	16.917	252,6	7.150	236,6%	6.828	40,4%
MA	8.835	127,0	5.293	166,9%	5.177	58,6%
MG	68.354	325,5	36.556	187,0%	39.536	57,8%
MS	18.688	696,7	7.731	241,7%	6.058	32,4%
MT	10.362	313,5	6.369	162,7%	5.436	52,5%
PA	14.212	171,8	8.489	167,4%	6.860	48,3%
PB	11.377	284,5	5.241	217,1%	4.798	42,2%
PE	34.556	367,2	11.495	300,6%	17.560	50,8%
PI	4.032	125,6	2.363	170,6%	2.217	55,0%
PR	51.700	459,9	18.365	281,5%	14.699	28,4%
RJ	50.219	301,9	28.443	176,6%	20.141	40,1%
RN	8.809	253,5	4.265	206,5%	2.969	33,7%
RO	10.832	606,1	4.969	218,0%	1.879	17,3%
RR	2.339	454,9	1.198	195,2%	1.033	44,2%
RS	33.868	300,1	21.642	156,5%	12.777	37,7%
SC	21.472	310,7	13.870	154,8%	7.627	35,5%
SE	5.316	234,6	2.251	236,2%	3.461	65,1%
SP	240.061	536,5	131.159	183,0%	75.862	31,6%
TO	3.468	226,2	1.982	175,0%	1.368	39,4%
União	437	-	832	52,5%	119	27,2%
Total	726.712	352,6	368.049	197,4%	292.450	40,2%

Fonte: INFOPEN (2016, p. 7)

Verifica-se que de um ponto vista geral, todos os Estados Brasileiros estão superlotados, havendo a necessidade urgente de novas políticas públicas criminais que consigam assegurar a finalidade de ressocialização, pelo qual apresenta a referida pesquisa.

Os dados se tornam assustadores, quando colocados em progressão ao longo dos anos, por crescerem desenfreadamente. Vejamos:

Gráfico 1. Evolução das pessoas privadas de liberdade entre 1990 e 2016

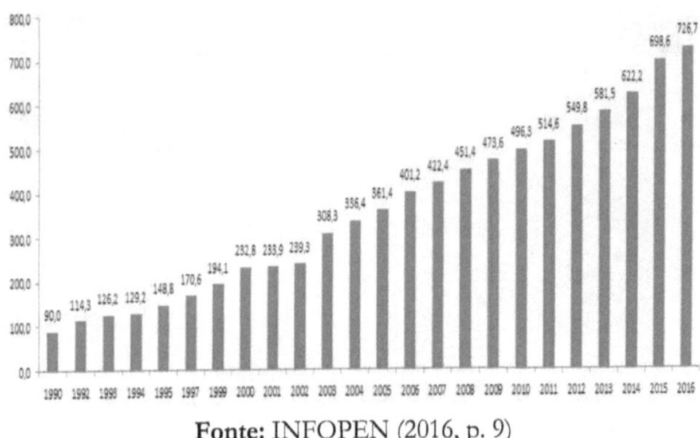

Fonte: INFOPEN (2016, p. 9)

Evidencia-se com os dados que que houve um aumento de 707% em relação ao que fora registrado da década de 1990, o que corrobora as menções de ausência de políticas públicas penais e falha no processo de ressocialização.

1.2 DAS ESPÉCIES DE PENA E OS TIPOS DE REGIMES DE CUMPRIMENTO DE PENAS

A presente pesquisa trabalhou, mais especificamente, com as penas privativas de liberdade, no regime semiaberto, no entanto, se mostra didático contextualizar as demais espécies para se compreender a delimitação da população pesquisada.

As espécies de penas estão previstas no art. 32 do Código Penal, que dispõe: "I - privativas de liberdade; II - restritivas de direitos; III - de multa".

De modo sucinto e geral, pode-se citar que as penas privativas de liberdade são as de reclusão e detenção e para a Lei das Contravenções Penais também prevê sua pena privativa de liberdade, que é a prisão simples.

As penas restritivas de direitos, conforme o art. 43 do Código Penal são: I - prestação pecuniária; II - perda de bens e valores; III - limitação de fim de semana; IV - prestação de serviço à comunidade ou a entidades públicas; V - interdição temporária de direitos; VI - limitação de fim de semana.

1.2.1 Penas privativas de liberdade

Conforme abordado anteriormente o Código Penal prevê duas penas privativas de liberdade – a de reclusão e a de detenção –, que se torna necessário especificar, dado que incide algumas implicações necessárias ao progresso da presente pesquisa, pois o regime de cumprimento da pena se dá através da referida classificação, quando se averigua se trata de crime punível com reclusão ou detenção.

A referida classificação de um crime punível com reclusão ou detenção é identificada através da leitura da lei, em que no preceito secundário da norma traz a referida previsão.

Quando o crime for punível com pena de reclusão deve ser cumprida em regime fechado, semiaberto ou aberto, por outro lado, a pena de detenção, em regime semiaberto, ou aberto, salvo necessidade de transferência a regime fechado (art. 33, caput, do Código Penal).

Assim, cumpre destacar que em um primeiro momento, deve-se verificar a espécie de pena para em seguida ver as hipóteses de regime de cumprimento das penas.

Pode-se assim concluir que os crimes puníveis com reclusão são mais graves e, por isso, ensejam um regime mais rigoroso para o cumprimento inicial da pena, já os crimes puníveis com detenção são menos graves, motivo pelo qual lhe é atribuído um regime inicial menos severo, qual seja o do regime denominado semiaberto ou aberto.

1.2.2 Regimes de cumprimento de pena

O encerramento da condenação, após todo o procedimento criminal instaurado, deve estabelecer qual será o regime inicial do cumprimento da pena, a saber, fechado, semiaberto ou aberto.

Conforme a lei penal (art. 33, § 1º, do Código Penal), considera-se regime fechado a execução da pena em estabelecimento de segurança máxima ou média; já o regime semiaberto a execução da pena em colônia agrícola, industrial ou estabelecimento similar; aberto, a execução da pena em casa de albergado ou estabelecimento adequado.

Como previsto no § 2º do art. 33 do Código Penal, bem como no art. 112 da LEP, as penas privativas de liberdade devem ser desempenhadas progressivamente, conforme o mérito do apenado. Os referidos dispositivos enumeram em sequência, os requisitos de tempo mínimo de pena a ser cumprida (critério objetivo) com o mérito do condenado (critério subjetivo) para a possibilidade de progressão de pena, importando ressaltar que o instituto da progressão é um estímulo ao condenado (GRECO, 2017)

Para a fixação do regime inicial de cumprimento de pena, o Código Penal, prevê no art. 33, § 2º, o seguinte:

> § 2º - As penas privativas de liberdade deverão ser executadas em forma progressiva, segundo o mérito do condenado, observados os seguintes critérios e ressalvadas as hipóteses de transferência a regime mais rigoroso:
>
> a) o condenado a pena superior a 8 (oito) anos deverá começar a cumpri-la em regime fechado;
>
> b) o condenado não reincidente, cuja pena seja superior a 4 (quatro) anos e não exceda a 8 (oito), poderá, desde o princípio, cumpri-la em regime semiaberto;
>
> c) o condenado não reincidente, cuja pena seja igual ou inferior a 4 (quatro) anos, poderá, desde o início, cumpri-la em regime aberto.

Dessa forma, é importante mencionar que em qualquer regime é dever do Estado proporcionar a individualização da pena e proporcionar meios de ressocialização, tais como o condenado ao regime fechado fica sujeito a trabalho no período diurno e a isolamento durante o repouso noturno.

A partir da viabilidade do trabalho, em comum acordo com as aptidões do condenado e adaptável com a execução da pena, salienta-se que a partir do trabalho externo será admissível para os presos, em regime fechado, somente os serviços ou obras públicas realizadas por órgãos da administração direta e indireta, ou ainda entidades privadas, desde que tomadas as devidas cautelas contra a fuga, e em favor da disciplina (art. 36 da LEP).

O art. 37 da Lei de Execução Penal ainda descreve que a prestação de trabalho externo, quando autorizado pela direção do estabelecimento, dependerá de aptidão, disciplina, como também do cumprimento mínimo de um sexto da pena.

Em contrapartida, as regras do regime semiaberto previstas no art. 35 do CP determina que seja aplicada a norma do art. 34 ao condenado que inicie o cumprimento de sua pena em regime semiaberto, semelhante as regras iniciais do regime fechado, diferenciando, contudo, pelo fato da pena que deverá ser cumprida em colônia agrícola, industrial ou estabelecimento similar, sendo-lhe permitido o trabalho em comum durante o período diurno.

Nesse contexto, Carvalho et al. (2013, p. 100) expõe:

> O regime semiaberto poderá ser aplicado ao condenado no início do cumprimento da pena, desde que preenchidos os requisitos legais e temporais, ou como progressão do regime fechado. Neste regime, a pena é cumprida em colônia agrícola, industrial ou estabelecimento similar, sendo permitido ao condenado o trabalho em comum no período diurno. Também é possível neste regime a frequência em cursos supletivos profissionalizantes, de instrução de segundo grau ou superior.

É aceitável o trabalho externo, bem como a frequência a cursos supletivos profissionalizantes, de instrução de segundo grau ou superior. Também poderão remir, pela frequência a curso de ensino regular ou de educação profissional, parte do tempo de execução da pena, observado o disposto no inciso I do § 1º do art. 126 da Lei de Execução Penal, de acordo com a redação que lhe foi conferida pela Lei nº 12.433, de 29 de junho de 2011.

Por fim, menciona-se as regras do regime aberto, o qual compreende um regime mais brando, em que o apenado deve está quase pronto para a reinserção na sociedade, que se dá por meio de estabelecimento conhecido como Casa do Albergado.

Preleciona Greco (2017, p. 642):

> [...]. Esse regime, baseado na autodisciplina e no senso de responsabilidade do condenado, permite que este, fora do estabelecimento e sem vigilância, trabalhe, frequente curso ou exerça outra atividade autorizada, permanecendo recolhido durante o período noturno e nos dias de folga. [...] A peculiaridade do regime aberto, que o difere dos regimes anteriores, diz respeito ao trabalho. Nos regimes anteriores – fechado e semiaberto –, o trabalho do

preso faz com que tenha direito à remição. Aqui, no regime aberto, não há previsão legal para remição da pena pelo trabalho, uma vez que somente poderá ingressar nesse regime o condenado que estiver trabalhando ou comprovar a possibilidade de fazê-lo imediatamente.

Nesse diapasão, destaca-se, que a condição *sine qua non* para o início do cumprimento da pena ou mesmo a sua progressão para o regime aberto é a possibilidade imediata de trabalho do condenado. Sem trabalho não será possível o regime aberto.

A Lei de Execução Penal excepciona a exigência do trabalho nas hipóteses do art. 117, a saber:

I – condenado maior de setenta anos;

II – condenado acometido de doença grave;

III – condenada com filho menor ou deficiente físico ou mental;

IV – condenada gestante.

Cumpre-se ainda enfatizar que a sentença condenatória um regime inicial de cumprimento, que pode ser modificado para beneficiar com a progressão, passando a pena a ser executada por um regime mais brando, e a regressão, que é o retorno ao regime anterior com pena mais grave, em detrimento da prática de uma determinada infração.

O § 2º do art. 33 do Código Penal determina que as penas privativas de liberdade deverão ser executadas em forma progressiva, segundo o mérito do condenado.

Nesse sentido, Aduz Greco (2017, p. 644):

> A progressão é um misto de tempo mínimo de cumprimento de pena (critério objetivo) com o mérito do condenado (critério subjetivo). A progressão é uma medida de política criminal que serve de estímulo ao condenado durante o cumprimento de sua pena. A possibilidade de ir galgando regimes menos rigorosos faz com que os condenados tenham a esperança de retorno paulatino ao convívio social.

Ressalta-se a importância do critério subjetivo, como expõe Prado (2004, p. 583), "o mérito deve ser aferido em razão dos respectivos valores intrínsecos, morais e laborais, que façam merecer o correspondente resultado, uma verdadeira recompensa pelo seu comportamento prisional".

Posterior as devidas considerações acerca dessa temática, passa-se a analisar os dados estatísticos sobre os estabelecimentos penais, oriundos no cenário brasileiro.

1.2.3 Tipos de estabelecimentos prisionais

Gráfico 2. Tipo de estabelecimento de acordo com a destinação originária

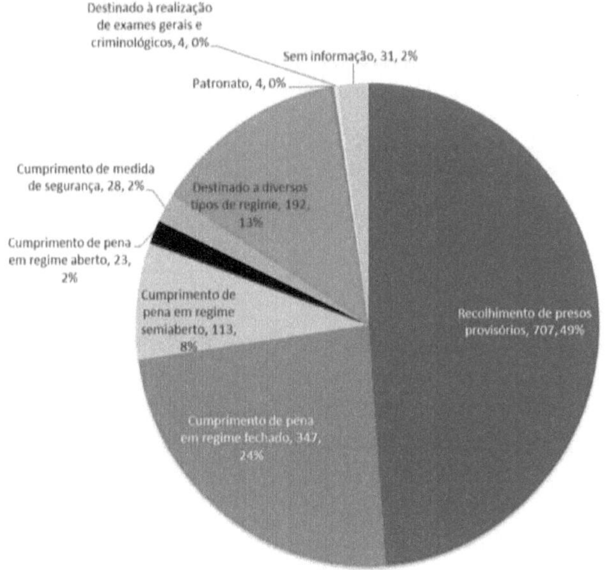

Fonte: INFOPEN (2016, p. 17)

Como se pode observar, a maioria dos estabelecimentos foram feitos para o recolhimento de presos provisórios, estando apenas 8% para o cumprimento do regime semiaberto.

É importante salientar, que na realidade prática, os estabelecimentos penais cumprem funções diferenciadas, dado a extrema defasagem, é o caso, por exemplo, da Colônia Penal Agrícola da cidade de Sousa – PB, que recebe presos do regime fechado, o que se configura um completo desvirtuamento para o cumprimento da pena.

Gráfico 3. Quantidade de vagas por tipo de regime ou natureza da prisão

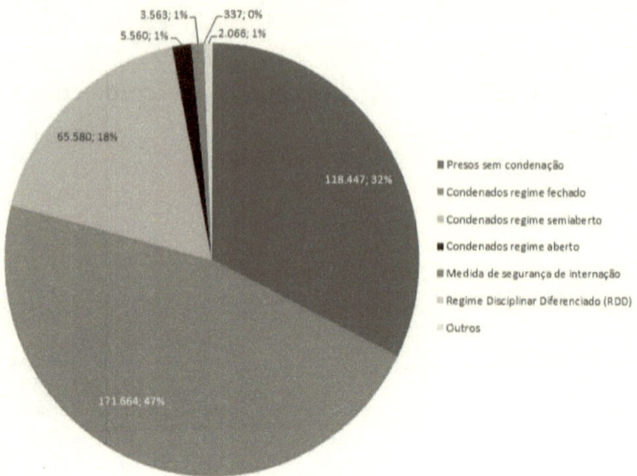

Fonte: INFOPEN (2016, p. 21)

A partir da leitura do presente gráfico, verifica-se que 32% das vagas ofertadas pelo sistema prisional, destinam-se a presos sem condenação, o que se demonstra um dado preocupante pelo fato de estar encarcerando pessoas que poderão ainda serem inocentadas pela justiça e foram compelidas ao ambiente insalubre carcerário, sem necessidade. Nesse ponto, revela-se a fragilidade judicial em processos mais céleres, o que ajudaria a diminuir a população carcerária.

Evidencia-se ainda que 47% do total de vagas são destinadas ao regime fechado, e que as vagas restantes são distribuídas aos demais regimes de cumprimento.

Destaca-se os 18% destinados ao regime semiaberto, comprovando-se ainda ser bem inferior ao efetivamente necessário, quando analisa-se a real necessidade.

Vejamos os déficit de vagas:

Gráfico 4. Vagas e déficit por natureza da prisão ou tipo de

regime, por UF

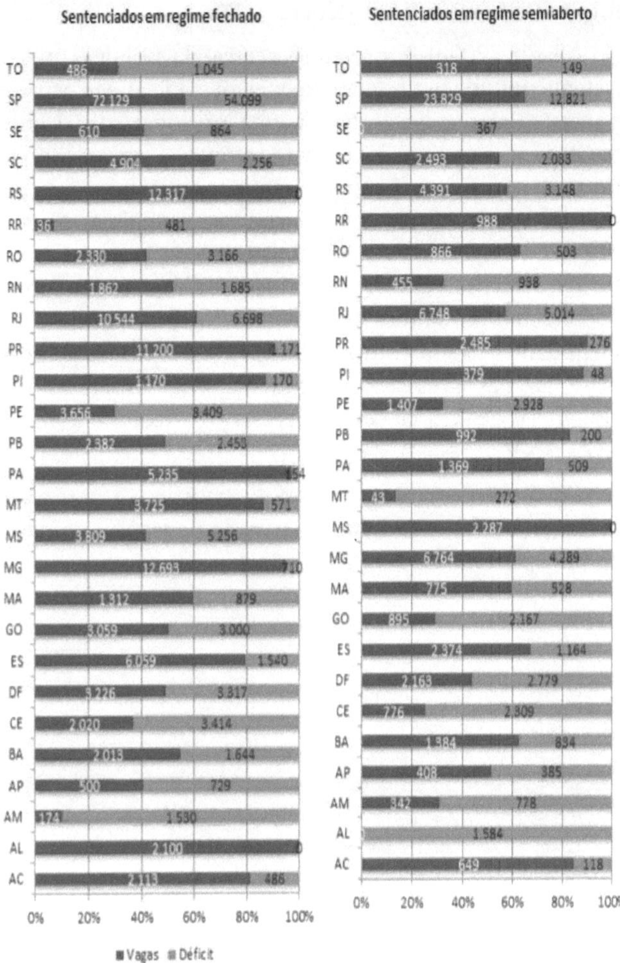

Fonte: INFOPEN (2016, p. 24)

A partir da análise dos déficits vale destacar os dados do regime semiaberto em que os estados de Sergipe e Alagoas, informaram não possuírem vagas destinadas ao cumprimento de pena nesse tipo de regime, em contrapartida os estados de Roraima e Mato Grosso do Sul declararam ausência de déficit.

Em relação ao regime fechado, evidencia-se que os Estados de

Roraima, Amazonas, Pernambuco e Tocantins registraram os maiores déficits e os estados de Alagoas e Rio Grande do Sul informaram ausência de déficit.

Allanic (2008), em estudo acerca de políticas públicas para o sistema penitenciário, em constatações que atinge estruturalmente e conceitualmente bases do sistema prisional sob o enfoque de se destinar a recuperação para o retorno a sociedade. Inicialmente destaca o sistema penitenciário denominando de "resquício de polícia", haja vista a escassez de pesquisas sobre a cultura organizacional da administração prisional, abordando posteriormente que o referido sistema seria um subsistema dependente da cultura policial, "As prisões não desenvolvem uma identidade própria como instituição, e por consequência, o sistema prisional, nas atividades políticas de seus burocratas, não tem uma coerência quanto a seus interesses e postura a nível nacional" (ALLANIC, 2008, p. 249).

Trata-se, portanto, de um diagnostico a ser trabalhado em diversos âmbitos, dado a necessidade de transformação cultural do sistema prisional.

2

O DIREITO AO TRABALHO COMO FORMA DE RESSOCIALIZAÇÃO

A Constituição federal de 1988, preleciona o trabalho como um direito social de todos, incluindo, portanto, o preso. Desse modo, é preciso pensar que numa situação de aprisionamento é necessário a oportunização de efetividade desse direito social. Aponta Espinoza (2004, p. 138) que:

> A compreensão do trabalho como direito a ser exigido ao Estado, e não como benefício, é uma das propostas da criminologia crítica, que busca questionar as funções preventivas e retributivas da prisão e propor repensar novas formas de reinserção do condenado, não por meio da pena carcerária, mas apesar dela, ou seja, empreendendo tentativas de tornar menos negativas as condições de vida prisional.

Embora com expressa previsão legislativa no artigo 41, II da LEP, a realidade prática evidencia uma situação bem diferenciada, dado que como bem assevera Delmanto (2010, p. 235) "torna-se comum o preso querer trabalhar, mas fica tolhido deste direito tendo em vista a precariedade do sistema carcerário e a omissão do Estado em propiciar tais condições". Para Nunes (2012, p. 44), "[...] o conceito de ressocialização de detentos, pelo trabalho e pela qualificação profissional, com o propósito de prepará-los ao reingresso social, baseia-se na afirmação de que o trabalho é fonte de equilíbrio na nossa sociedade".

A situação de ausência de ofertas de trabalho pelo poder público se torna tão evidente, que a doutrina defende que o benefício da remissão da pena deve ser dado mesmo sem o efetivo trabalho, posto que o preso não poderia ser prejudicado pela inércia do Estado. Nesse pensamento, Greco (2017, p. 659) dispõe:

> O trabalho é, ao mesmo tempo, uma obrigação (art. 31 da LEP) e um direito do preso (art. 41, II, da LEP). Caso o Estado, por intermédio de sua administração carcerária, não o viabilize para que sejam cumprias as determinações conditas na Lei de Execução Penal, poderá o juiz da execução, diante da inércia ou da incapacidade do Estado de administrar a coisa pública, conceder a remição aos condenados que não puderam trabalhar.

A referida abordagem demarca a importância de trabalho na ressocialização do apenado, que muito bem exposta por Mendes (2009, p. 1422-1423), quando cita o ex-Ministro da Justiça Nelson Jobim. Vejamos:

> [...]. Se retirarmos do condenado a esperança de antecipar a liberdade pelo seu próprio mérito, pela conduta disciplinada, pelo trabalho produtivo durante a execução da pena, estaremos seguramente acenando-lhe, como única saída, a revolta, as rebeliões, a fuga, a corrupção.

O posicionamento acima descrito é amplamente defendido, posto que é comprovado os benefícios no cárcere. Aborda Greco (2017), experiências carcerárias demonstram que apenados em penitenciárias que não oferecem qualquer tipo de trabalho traz um índice de fuga bem superior aos presídios que oportunizam detentos um trabalho produtivo, no desempenho de um ofício, concluindo que o trabalho do preso é sem dúvidas uma das formas mais evidentes de eficácia de ressocialização.

Em pesquisa realizada por Elionaldo Julião para sua tese de doutorado, defendida em 2009, no Rio de Janeiro, detectou-se que, "enquanto o estudo no cárcere diminui a probabilidade de reincidência em 39%, o trabalho na prisão diminui essas chances em 48%" (JULIÃO, 2011, p. 151).

Destaca-se que o trabalho do preso não é apenas um direito, mas também uma obrigação, vejamos o que dispõe a LEP.

> Art. 31. O condenado à pena privativa de liberdade está obrigado

ao trabalho na medida de suas aptidões e capacidade.

Parágrafo único. Para o preso provisório, o trabalho não é obrigatório e só poderá ser executado no interior do estabelecimento.

Art. 32. Na atribuição do trabalho deverão ser levadas em conta a habilitação, a condição pessoal e as necessidades futuras do preso, bem como as oportunidades oferecidas pelo mercado.

§ 1º Deverá ser limitado, tanto quanto possível, o artesanato sem expressão econômica, salvo nas regiões de turismo.

§ 2º Os maiores de 60 (sessenta) anos poderão solicitar ocupação adequada à sua idade.

§ 3º Os doentes ou deficientes físicos somente exercerão atividades apropriadas ao seu estado.

Art. 33. A jornada normal de trabalho não será inferior a 6 (seis) nem superior a 8 (oito) horas, com descanso nos domingos e feriados.

Parágrafo único. Poderá ser atribuído horário especial de trabalho aos presos designados para os serviços de conservação e manutenção do estabelecimento penal.

Destaca-se que somente os presos provisórios (art. 31, parágrafo único, da LEP) e o condenado por crime político (art. 200 da LEP) não estão obrigados ao trabalho.

Moreira (2007, p. 258) acentua: "o trabalho se expressa como uma via de ressocialização, visto que ao trabalho estão associados valores sociais relacionados à família, à responsabilidade social, e à integridade moral". O trabalho, complementa ele, "[...] configura-se, também, como um elemento valorativo que compõe a identidade do 'homem digno', em oposição ao 'homem indigno', do 'trabalhador' em oposição ao 'criminoso" (MOREIRA 2007, p. 257).

Após as considerações acerca da importância do trabalho, vê-se que a legislação também assegura a promoção de busca de oportunidade de ofertas de empregos para apenados. Veja-se:

Art. 34. O trabalho poderá ser gerenciado por fundação, ou empresa pública, com autonomia administrativa, e terá por objetivo a formação profissional do condenado.

§ 1o. Nessa hipótese, incumbirá à entidade gerenciadora promover e supervisionar a produção, com critérios e métodos empresariais, encarregar-se de sua comercialização, bem como suportar despesas, inclusive pagamento de remuneração adequada.

§ 2o Os governos federal, estadual e municipal poderão celebrar convênio com a iniciativa privada, para implantação de oficinas de trabalho referentes a setores de apoio dos presídios.

Art. 35. Os órgãos da Administração Direta ou Indireta da União, Estados, Territórios, Distrito Federal e dos Municípios adquirirão, com dispensa de concorrência pública, os bens ou produtos do trabalho prisional, sempre que não for possível ou recomendável realizar-se a venda a particulares.

Parágrafo único. Todas as importâncias arrecadadas com as vendas reverterão em favor da fundação ou empresa pública a que alude o artigo anterior ou, na sua falta, do estabelecimento penal.

É notório que a legislação determina a necessidade de fomentação de trabalho prisional, de modo a incentivar a iniciativa privada com vários benefícios para conseguir atingir esse objetivo, bem como, para ao finalizar o cumprimento da pena se inserir no mercado de trabalho.

Para Bizatto (2005, p. 111):

[...] o trabalho prisional, assim, além de se mostrar um excelente meio de ressocialização só traz benefícios ao apenado. Para o próprio apenado, pode-se destacar a possibilidade de profissionalização e, por consequência, a reintegração ou iniciação ao mercado de trabalho.

Um dos principais incentivos ao apenado se dá em relação a remuneração do apenado, que não pode ser inferior a três quartos do salário mínimo.

Assim, repare-se o que dispõe a LEP:

Art. 28. O trabalho do condenado, como dever social e condição de dignidade humana, terá finalidade educativa e produtiva.

§ 1º Aplicam-se à organização e aos métodos de trabalho as precauções relativas à segurança e à higiene.

§ 2º O trabalho do preso não está sujeito ao regime da Consolidação das Leis do Trabalho.

Art. 29. O trabalho do preso será remunerado, mediante prévia tabela, não podendo ser inferior a 3/4 (três quartos) do salário mínimo.

§ 1º O produto da remuneração pelo trabalho deverá atender:

a) à indenização dos danos causados pelo crime, desde que determinados judicialmente e não reparados por outros meios;

b) à assistência à família;

c) a pequenas despesas pessoais;

d) ao ressarcimento ao Estado das despesas realizadas com a manutenção do condenado, em proporção a ser fixada e sem prejuízo da destinação prevista nas letras anteriores.

§ 2º Ressalvadas outras aplicações legais, será depositada a parte restante para constituição do pecúlio, em Caderneta de Poupança, que será entregue ao condenado quando posto em liberdade.

Art. 30. As tarefas executadas como prestação de serviço à comunidade não serão remuneradas.

É notório que além da contribuição psicológica e financeira do apenado, há uma contribuição estatal com a diminuição de gastos, bem como uma contribuição social por contribuir com a ressocialização e ter um criminoso a menos nas ruas.

No entanto, avaliando dados governamentais, evidencia-se uma completa discrepância da norma. Vejamos:

Gráfico 5. Remuneração recebida pelas pessoas privadas de liberdade em atividades

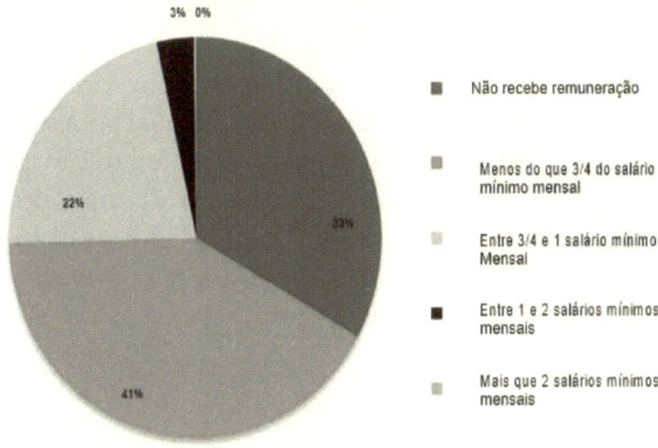

Fonte: INFOPEN (2016, p. 58)

Registre-se que embora a CLT – Consolidação das Leis do Trabalho, não sejam aplicáveis ao trabalho prisional, é importante a observância dos parâmetros legais, entretanto, na prática evidenciou-se que 33% não recebe nenhuma remuneração, 41% recebe menos que ¾ do salário mínimo e que apenas 22 % estão dentro dos parâmetros legalmente fixados.

Importante ainda destacar que o principal incentivo de trabalho está na remissão da pena, que é a possibilidade de redução da pena a partir de dias trabalhados, estando atualmente a diminuição de 1 dia de pena a cada três dias de trabalho. "Art. 126. O condenado que cumpre a pena em regime fechado ou semiaberto poderá remir, por trabalho ou por estudo, parte do tempo de execução da pena".

Destaca-se a impossibilidade do benefício para o regime aberto, dado que esse regime já pressupõe a necessidade de trabalho, como bem preleciona Mirabete (1997, p. 518):

> A remição é um direito dos condenados que estejam cumprindo a pena em regime fechado ou semiaberto, não se aplicando, assim, ao que se encontra em prisão albergue, já que a este incumbe submeter-se aos papéis sociais e às expectativas derivadas do regime, que lhe concede, a nível objetivo, a liberdade do trabalho contratual. Pela mesma razão, aliás, não se concede a remição ao liberado condicional. Também não tem direito à remição o submetido a pena de prestação de serviço à comunidade, pois o trabalho, nessa espécie de sanção, constitui, essencialmente, o cumprimento da pena.

Importante mencionar que em 29 de junho de 2011, foi publicada a Lei nº 12.433, que alterou o art. 126 da Lei de Execução Penal para possibilitar a remição pelo estudo.

Assim, o apenado que cumpre pena em regime aberto ou semiaberto e o que usufrui liberdade condicional poderão remir, pela frequência a curso de ensino regular ou de educação profissional, parte do tempo de execução da pena ou do período de prova, observado o disposto no inciso I do § 1º do art. 126 da Lei de Execução Penal (GRECO, 2017). Vejamos o que dispõe a LEP acerca da remissão:

> Art. 126. O condenado que cumpre a pena em regime fechado ou semiaberto poderá remir, por trabalho ou por estudo, parte do tempo de execução da pena.

§ 1º A contagem do tempo para o fim deste artigo será feita à razão de 1 (um) dia de pena por 3 (três) de trabalho.

§ 1º A contagem de tempo referida no caput será feita à razão de:

I - 1 (um) dia de pena a cada 12 (doze) horas de frequência escolar - atividade de ensino fundamental, médio, inclusive profissionalizante, ou superior, ou ainda de requalificação profissional - divididas, no mínimo, em 3 (três) dias; (Incluído pela Lei nº 12.433, de 2011)

II - 1 (um) dia de pena a cada 3 (três) dias de trabalho.

§ 2º O preso impossibilitado de prosseguir no trabalho, por acidente, continuará a beneficiar-se com a remição.

§ 2º As atividades de estudo a que se refere o § 1o deste artigo poderão ser desenvolvidas de forma presencial ou por metodologia de ensino a distância e deverão ser certificadas pelas autoridades educacionais competentes dos cursos frequentados.

§ 3º A remição será declarada pelo Juiz da execução, ouvido o Ministério Público.

§ 3º Para fins de cumulação dos casos de remição, as horas diárias de trabalho e de estudo serão definidas de forma a se compatibilizarem.

§ 4º O preso impossibilitado, por acidente, de prosseguir no trabalho ou nos estudos continuará a beneficiar-se com a remição

§ 5º O tempo a remir em função das horas de estudo será acrescido de 1/3 (um terço) no caso de conclusão do ensino fundamental, médio ou superior durante o cumprimento da pena, desde que certificada pelo órgão competente do sistema de educação.

§ 6º O condenado que cumpre pena em regime aberto ou semiaberto e o que usufrui liberdade condicional poderão remir, pela frequência a curso de ensino regular ou de educação profissional, parte do tempo de execução da pena ou do período de prova, observado o disposto no inciso I do § 1o deste artigo.

§ 7º O disposto neste artigo aplica-se às hipóteses de prisão cautelar.

§ 8º A remição será declarada pelo juiz da execução, ouvidos o Ministério Público e a defesa.

Art. 127. O condenado que for punido por falta grave perderá o direito ao tempo remido, começando o novo período a partir da data da infração disciplinar.

> Art. 127. Em caso de falta grave, o juiz poderá revogar até 1/3 (um terço) do tempo remido, observado o disposto no art. 57, recomeçando a contagem a partir da data da infração disciplinar.

Com a leitura dos dispositivos legislativos, se observa a tentativa de incentivar o trabalho prisional, colocando a remissão, bem como regressão como mecanismos de eficácia da lei.

Importante frisar a necessidade de profissionalização dos apenados, para que os mesmos se sintam motivados a deixarem o crime após saírem do presídio, pois caso não consigam outro meio de vida, a tendência é voltar ao crime para conseguir a própria subsistência.

2.1 DADOS GOVERNAMENTAIS ACERCA DO TRABALHO PRISIONAL

Utilizando o último levantamento da Informações Penitenciárias realizado em 2016, pode-se afirmar um déficit alarmante, que demonstra a desobediência a todas as normas jurídicas retromencionadas.

A presente tabela demonstra o número e o percentual de pessoas trabalhando distribuído pelos Estados, em que apenas 15% da população carcerária estava envolvida com alguma espécie de trabalho, seja ela interna ou externa. Os Estados da Paraíba, Ceará e Rio Grande do Norte, apresentaram os menores índices de presos trabalhando, enquanto Minas Gerais destaca-se por possuir o maior índice

Vejamos os resultados:

Tabela 3. Pessoas privadas de liberdade em atividade laboral por UF

UF	Pessoas trabalhando	% de pessoas trabalhando
AC	462	9%
AL	669	10%
AM	1.291	13%
AP	591	22%
BA	1.409	11%
CE	1.045	5%
DF	2.388	16%
ES	1.760	9%
GO	1.821	11%
MA	1.008	13%
MG	18.889	30%
MS	4.607	25%
MT	1.994	19%
PA	1.637	12%
PB	716	6%
PE	2.677	8%
PI	564	14%
PR	5.777	14%
RJ	NI	NI
RN	89	1%
RO	1.864	17%
RR	196	8%
RS	7.947	24%
SC	3.577	17%
SE	474	9%
SP	31.756	13%
TO	711	21%
Brasil	95.919	15%

Fonte: INFOPEN (2016, p. 56)

Para a presente pesquisa se mostra de extrema relevância a observação acerca da distribuição dos trabalhos internos e externos, pois acaba por evidenciar que a maioria dos trabalhos auferidos no sistema prisional, são de manutenção interna, que variam desde os trabalhos de limpeza do próprio estabelecimento, até os serviços realizados em parcerias com instituições particulares, o que demonstra a importância das parcerias para fomentação do trabalho.

Assevera Guimarães, Barp e Nummer (2017, p. 16) que:

> [...] o que se propõe é que, junto com a oportunidade de trabalho, seja proporcionada qualificação profissional relacionada com a educação formal, assim como cursos profissionalizantes condizentes com as demandas de mercado e com as respectivas aptidões e habilidades. Ações motivacionais e informacionais voltadas para atividades laborais também precisam ser efetivadas, bem como palestras que despertem nos presos as percepções sobre suas respectivas habilidades profissionais, pois muitos encontram-se totalmente perdidos, sem noção alguma de qualquer atividade que possam desenvolver para ganhar o sustento sem envolvimento com a criminalidade e o dinheiro fácil.

Assim, se impõe a necessidade de regulamentação adequada da execução do trabalho no cárcere, para que ele de fato traga eficácia na ressocialização e cumpra a sua finalidade social.

Gráfico 6. Pessoas em atividades laborais internas e externas

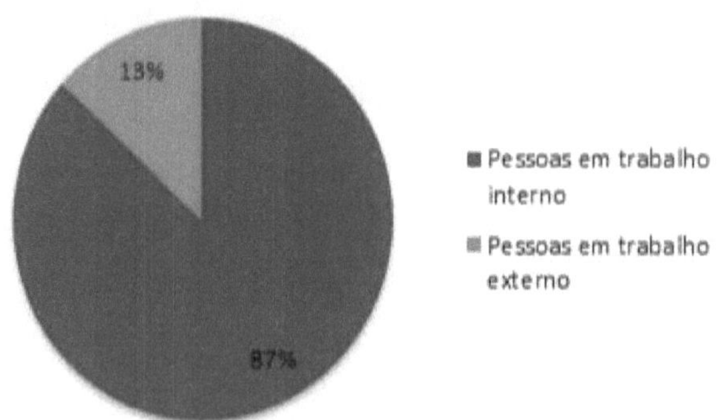

Fonte: INFOPEN (2016, p. 57)

Os apenados em trabalho externo somam apenas 13% dos apenados que trabalham, o que demonstra uma dificuldade social de aceitar um apenado nos seus quadros de funcionários, é o estigma que carrega cada detento e por diversas vezes acaba por inseri-lo novamente no crime, justamente por não encontrar outro meio de sobrevivência. Vejamos no gráfico seguinte a distribuição das atividades laborativas por estados.

Gráfico 7. Pessoas em atividades laborais internas e externas por UF

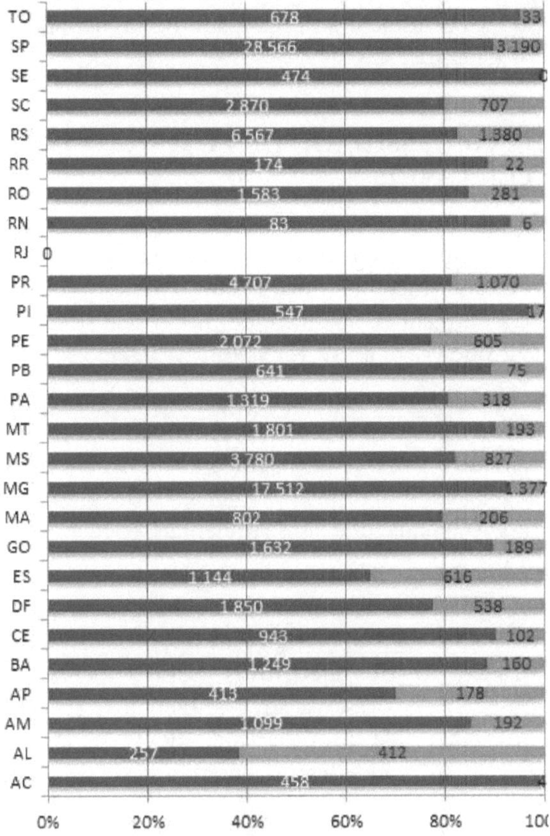

Fonte: INFOPEN (2016, p. 57)

A observação da figura revela que no estado do Acre e Sergipe, nenhum apenado realiza atividade externa ao presídio, o que diagnóstica um total descredenciamento social aos apenados, bem como uma ausência de incentivos públicos para que os empresários contratem apenados, de modo que a grande maioria dos apenados encontra-se em ociosidade plena, o que é um entrave à ressocialização.

Quanto a profissionalização, aponta Scuro (2009, p.214-2015) que: "Dentre os que trabalham, observa-se que as profissões exercidas são aquelas tidas como secundárias, o que é plenamente compreensível dada a seletividade do sistema carcerário, que se encarrega de punir as classes menos abastadas da sociedade", o que mais uma vez remete à necessidade de novas práticas de trabalho para os detentos.

2.2 DA NECESSIDADE DE FOMENTO DE TRABALHOS SUSTENTÁVEIS

Diuturnamente cresce a apreensão mundial com a necessidade de preservação ambiental, dado que as pesquisas demonstram a carência de recursos naturais, de modo que se impõe a adoção de medidas que visem preservar as futuras gerações.

A partir desse diagnóstico se mostra necessário a busca de alternativas sustentáveis de desenvolvimento, que atendam ao binômio lucro e preservação ambiental. Uma das medidas estudadas na atualidade, diz respeito a geração de empregos verdes, em justamente adequa interesses ambientais, sociais e econômicos

As discussões jurídicas estão cada vez mais constantes acerca dos direitos difusos e transindividuais, haja vista as transformações visíveis do Século XX. Nesse contexto, buscam-se os pesquisadores a apresentação de alternativas para conciliar o crescimento econômico e preservação ambiental, surgindo assim a primordialidade de propiciar um desenvolvimento sustentável, atendendo a interesses concomitantes de ambientalistas e economistas.

Deve-se destacar a importância do desenvolvimento sustentável discutida sob o viés da preservação ambiental. Assim conforme Cunha (2012):

> O desenvolvimento sustentável está no rol dos direitos do ser humano, devendo haver uma reciprocidade entre direito e dever, aspectos mutuamente condicionantes, vez que desfrutar de condições favoráveis no presente também deve importar as mesmas condições aos futuros cidadãos do Planeta. Essa noção de

desenvolvimento não só possui a preocupação com geração de riquezas, mas também, com a melhoria da qualidade de vida de toda a população.

A partir desse pensamento, se verifica a demonstração de métodos e condições propícias para a exploração consciente dos bens naturais, adequando a preservação ambiental e o desenvolvimento econômico. Esse pensamento é defendido por Granja, (2013) quando aduz que o princípio do desenvolvimento sustentável se encontra implícito no presente artigo. Nos dias de hoje o que se procura é uma harmonia, uma coexistência pacífica entre economia e desenvolvimento com o meio ambiente, permitindo assim o desenvolvimento de forma sustentável, de forma arquitetada, impedindo assim o desperdício e o esgotamento inconsiderado de recursos.

Com esse novo pensamento permitiu-se a inclusão do sistema jurídico da preocupação do direito / dever e relação desenvolvimento sustentável, assim concorda-se com Cunha (2012) quando este dispõe que:

> O desenvolvimento sustentável está no rol dos direitos do ser humano, devendo haver uma reciprocidade entre direito e dever, aspectos mutuamente condicionantes, vez que desfrutar de condições favoráveis no presente também deve importar as mesmas condições aos futuros cidadãos do Planeta. Essa noção de desenvolvimento não só possui a preocupação com geração de riquezas, mas também, com a melhoria da qualidade de vida de toda a população.

Verificam-se nitidamente na análise desse pensamento as condições propícias para que haja o desenvolvimento socioeconômico se adeque a promoção de um desenvolvimento sustentável a partir da exploração racional de recursos.

Assim, havendo uma exploração desproporcional e desarrazoada na atualidade, não haverá garantias de subsídios para a sobrevivência nas gerações futuras, necessitando assim de uma rápida caminhada para a promoção do desenvolvimento sustentável.

Partindo desse recorte, observamos a principiologia do desenvolvimento sustentável, colocada em igual parâmetro ao meio ambiente e discussões afins. Existem diversas preocupações empresariais, para se adequar as exigências de mercado através de adoção de técnicas sustentáveis, incluindo nesse contexto as relações trabalhistas.

Ao longo dos anos, os países desenvolvidos e subdesenvolvidos já sinalizam a incorrigibilidade de alguns problemas ambientais, bem como da necessidade de conscientização da correção dos hábitos de vida e economia, de forma a colocar em análise não apenas o lucro nas atividades econômicas, trazendo para o trabalhador o desempenho de suas atividades preservando os recursos naturais para as futuras gerações, surgindo assim a figura dos empregos verdes, que advêm de uma economia que prioriza o advento de empregos decentes, mantendo os direitos e garantias fundamentais do meio social.

Segundo a Pnuma (2009), "os Empregos verdes são aqueles que reduzem o impacto ambiental de empresas e de setores econômicos para níveis que, em última análise, sejam sustentáveis". Ainda no mesmo trabalho os empregos verdes são tidos como aqueles realizados em áreas agrícolas, industriais, dos serviços e da administração, bem como nas usinas de reciclagem, geração e distribuição de energia, setores agrícolas, e de transportes e de construção civil, levando a essas atividades novas alternativas, quanto à extração e utilização correta da matéria prima, ao consumo energético não deixando de se preocupar em nenhum momento com a qualidade do serviço prestado, do produto fabricado ou da qualidade de vida de quem o executa.

Para a OIT (2009), os empregos verdes são: "Pontos de trabalho nos setores da agricultura, indústria, construção civil, instalação e manutenção, bem como em atividades científicas, técnicas, administrativas e de serviços que contribuem substancialmente para a preservação ou restauração da qualidade ambiental".

Nesse Contexto, os empregos verdes seriam aqueles que, segundo a OIT (2009): [...] "ajudam a proteger e restaurar ecossistemas e a biodiversidade; reduzem o consumo de energia, materiais e água por meio de estratégias de prevenção altamente eficazes; descarbonizam a économia; e minimizam ou evitam por completo a geração de todas as formas de resíduos e poluição". Desenvolvendo assim, segundo Muçouçah (2010) a concepção de que esses empregos, convergiriam ideais de sustentabilidade e de trabalho e, portanto, seria necessário o oferecimento de remuneração adequada e condições de segurança e equidade para que de fato poder se chamar de empregos verdes.

Assim, conclui-se resumidamente que segundo a OIT o trabalho decente converge os quatro objetivos estratégicos da OIT que são os respeitos aos direitos no trabalho, a promoção do empregado produtivo e de qualidade, a extensão da proteção social e o fortalecimento do diálogo social. Dessa forma se mostraria impossível a dissolução da ideia dos empregos verdes e do trabalho decente, mostrando a sociedade maneiras mais isonômicas e justas de vida, contribuindo para o problema da pobreza extrema que ainda assola diversas populações.

Segundo Sousa (2013):

> A classificação dos empregos verdes é importante uma vez que, o Estado brasileiro detém uma grande capacidade de geração dessas atividades funcionais. A despeito da possibilidade de expansão dessas atividades há a despreocupação estatal em promover os empregos verdes, inicialmente pelo desrespeito contumaz aos direitos trabalhistas, que são atingidos corriqueiramente, bem como o trabalhador, por mais capacitado que seja ainda sofre com as desvalorizações diárias no sistema laboral. Esta é uma tendência mundial e ganha respaldo no contexto do desenvolvimento sustentável ao passo que tange as relações de trabalho. Ou seja, aspectos procedimentais começam a repercutir na seara subjetiva das relações humanas.

Os empregos verdes, segundo a OIT deve ser classificada conforme as atividades econômicas desempenhadas, que variam desde os trabalhadores manuais até aqueles de mão-de-obra especializada, bem como na zona urbana ou rural. Assim, segundo Sousa (2013), o diferencial é que esta modalidade de empregos pode trazer uma variedade laboral, de acordo com as funções dos agentes e a atividade que está sendo desempenhada pelas entidades contratantes. Mais há uma convergência de elementos ambientais com as condições sociais, agora, no âmbito do trabalho.

Confirma-se que o incentivo aos empregos verdes vem reduzindo a desvalorização nas relações de trabalho.

Conforme a OIT (2012), registrou-se um aumento de 26,73% das ofertas de empregos verdes no Brasil enquanto que o número de vagas formais registrou um acréscimo de 25,35%, observando assim uma vantagem ao aparecimento dessas novas fontes de emprego e renda.

A partir dessa análise pode se afirmar que os empregos verdes estão promovendo inclusão social, ao aquecer a economia e contribuir para a redução do desemprego aquecendo a economia e diminuindo o desemprego.

Cabe salientar que a geração de empregos sustentáveis abrirá espaço para uma mão de obra especializada, que acaba por fomentar o setor educacional que terá que promover a capacitação da nova necessidade de trabalho, podemos nesse contexto citar como crescentes empregos verdes, o de energias renováveis baseado em uma substituição gradativa do uso de combustíveis fósseis por fontes energéticas sustentáveis como o uso do etanol e do biodiesel.

2.3 A PROMOÇÃO DE DESENVOLVIMENTO HUMANO SUSTENTÁVEL A PARTIR DA GERAÇÃO DE EMPREGOS VERDES

Na carta constitucional, denota-se que o desenvolvimento nacional é um dos objetivos da República quando preleciona segundo o art. 3º, II, — "[...] constituem objetivos fundamentais da República Federativa do Brasil: II - garantir o desenvolvimento nacional".

Com o decorrer do tempo passou-se a verificar que a qualidade de vida não estava intrinsecamente ligada ao crescimento econômico, posição defendida por Locatelli (2005): "O aumento no nível de renda de alguns países não significou necessariamente o aumento de outros indicativos do nível de vida".

Para aferimento do IDH-índice de desenvolvimento humano observa-se a instituição de da existência de um padrão digno de vida, com acesso ao conhecimento, bem como uma vida saudável e longa, que são aferidas através de indicadores: a esperança de vida ao nascerem, as taxas de alfabetização e matrícula e o PIB per capta (PNUD, 2012). Neste passo, constata-se que para a garantia do desenvolvimento humano deve-se defender a inclusão de um desenvolvimento sustentável como forma de justiça social, embasado com uma proteção coletiva em busca de preservação ao meio ambiente.

Para criação de um modelo sustentável é necessário a viabilidade que cause uma mudança social, visando tanto a preservação ambiental, quando a promoção de uma vida justa e digna para a sociedade. De acordo com Oliveira e Chaves (2006), o "desenvolvimento sustentável requer quatro condições básicas, [...] ele deve ser: economicamente factível, ecologicamente apropriado, socialmente justo e culturalmente equitativo, respeitoso e sem discriminação de gênero. Ainda corroborando esse entendimento Sachs (1990, apud LIMA, 2009) dispõe que:

> [...] o desenvolvimento sustentável deveria basear-se no chamado tripé mágico: prudência ecológica, eficiência econômica e justiça social, em conjunto, as três vertentes levariam a sociedade a um patamar superior com o uso correto dos recursos naturais e sua preocupação com o futuro, seguidos da garantia de uma vida dentro de padrões adequados, como moradia, saúde, educação, segurança, e a possibilidade de oportunidades iguais para a população".

A partir desses apontamentos, se mostra a possibilidade dos empregos verdes contribuírem para a geração de renda e, consequente, a inclusão social, precisando assim de um apoio de poder público para sua fomentação e regulamentação. Assim, se evidencia que para o Brasil, de fato, encampar essa ideia, o Estado precisa desenvolver políticas públicas, com desenvolvimento de planos estratégicos governamentais, para efetivar o desenvolvimento sustentável através de parcerias com empresas privadas, oferecimento de capacitação para os empregos verdes, entre inúmeras outras maneiras de primar pela qualidade e não somente o lucro.

O trabalhador se coloca como uma figura chave no desenvolvimento econômico sustentável, cabendo a este ser participante ativo nos benefícios que podem ser alcançados pelo seu trabalho, sendo esse entendimento corroborado por Cecato (2008), que dispõe:

> [...] para que o desenvolvimento se concretize, devem ser concedidas aos trabalhadores participação no processo produtivo e nos benefícios dos resultados deste. O que se observa é na verdade uma exclusão sócio-laboral não podendo este ser justificado com o progresso econômico, uma vez que deveria ser entendido como suporte de bem-estar para todos.

Partindo desse contexto, se evidencia a correlação de tamanha importância entre empregos verdes e ao mesmo tempo decentes, que colaboram entre si para uma economia sustentável, garantindo a dignidade do trabalhador e ao mesmo tempo preservando o meio ambiente. Uma alternativa interessante de empregos verdes é a agricultura urbana.

Conforme Ferreira (2009 *apud* TERRA, 2013, p. 206): "[...] entende-se por agricultura urbana como atividade social praticada nos espaços urbanos e em seu entorno (agricultura periurbana), utilizando-se e disponibilizando recursos humanos e materiais do, para e por meio do espaço urbano e/ou periurbanos".

Assim pode se dizer que se trata de uma atividade econômica inovadora, que se dispõe a solucionar problemas como os que ocorrem em épocas de estiagem a partir de uma nova concepção de trabalho.

3

ESTABELECIMENTOS PRISIONAIS AGRÍCOLAS BRASILEIRAS

Como já abordado, os estabelecimentos prisionais devem ser adequados de acordo com o regime de pena imposto ao apenado. As colônias penais agrícolas ou agroindustriais, fazem parte dos estabelecimentos destinados ao regime de cumprimento Semiaberto, em que os presos devem trabalhar durante o dia e se recolher no período noturno e fins de semana. Para o regime fechado deve-se recolher em Presídios e o regime aberto em casa de albergado ou estabelecimento similar.

A importância dessa distinção, se dá pelo fato de que de acordo com o regime posto ao apenado, importa no reconhecimento de sua periculosidade para assim aferir o nível de segurança necessária, bem como as condições de trabalho possíveis para o referido cumprimento da pena.

A presente pesquisa, fez um levantamento de todos os estabelecimentos prisionais do Brasil com intuito de trabalhos agrícola ou agroindustriais, englobando-se as colônias agrícolas e agroindustriais, penitenciárias agrícolas e estabelecimentos afins. Portanto, nem todo estabelecimento agrícola é uma colônia destinada ao regime semiaberto, o regime fechado também pode ser cumprido por penitenciárias agrícolas.

Para atingir o objetivo proposto, tomou-se por base os dados

51

obtidos no Sistema de Inspeção Prisional do Ministério Público – SIP- MP, extração dos dados em 25 de janeiro de 2018, com a inspeção de todos os estabelecimentos penais dos estados brasileiros, para selecionar apenas os que serviriam para a pesquisa.

Importa salientar que os relatórios obtidos pela Comissão de Sistema Prisional, Controle Externo da atividade Policial e Segurança Pública vinculados ao conselho nacional de Justiça, realizou um relatório analítico de todas as penitenciarias de cada região. Entretanto, a presente pesquisa fez o recorte de dados para Estabelecimentos Agrícolas, de modo a quantificar e entender como estão exercendo a sua função.

A partir dos dados colhidos e tabelados, é importante fazer uma análise por regiões, para depois analisar sobre o contexto nacional.

3.1 REGIÃO NORDESTE

Na Região Nordeste identificou-se que cinco Estados (Alagoas, Bahia, Maranhão, Sergipe) não possuem nenhum estabelecimento prisional de finalidade agrícola ou agroindustrial. Vejamos a tabela:

Tabela 4. Distribuição de Estabelecimentos Agrícolas no Nordeste

DADOS GERAIS			CAPACIDADE				OCUPAÇÃO				
UF	Unidade	Sexo	Fechado	S. Aberto	Aberto	Prov.	Fechado	S. aberto	Aberto	Prov	Cap. Ocup.
Ceará	Colônia Agrícola Padre José Arnaldo Esmeraldo Melo	Masculino	0	40	2	0	0	7	2	0	33
Piauí	Colônia Agrícola Major César Oliveira	Masculino	0	290	0	0	0	343	0	0	-53
Paraíba	Colônia Penal Agrícola de Sousa	Ambos	250	0	0	154	296	0	0	100	8
Rio Grande Do Norte	Complexo Penal Estadual Agrícola Dr. Mário Negócio	Masculino	240	320	0	40	396	95	0	37	72
Alagoas	-	-	-	-	-	-	-	-	-	-	-
Bahia	-	-	-	-	-	-	-	-	-	-	-
Maranhão	-	-	-	-	-	-	-	-	-	-	-
Sergipe	-	-	-	-	-	-	-	-	-	-	-

Fonte: Elaborada pela autora

Na Bahia não há registros de colônias agrícolas em dados oficiais governamentais. Conforme o SIP-MP (2018), há as seguintes colônias penais: Colônia Penal Lafayete Coutinho e Colônia Penal de Simões Filho, no entanto, nenhuma das duas desenvolvem atividades agroindustriais registradas institucionalmente.

Nos Estados do Maranhão, Sergipe e Pernambuco, não foi encontrado nenhuma colônia Penal Agrícola, ficando o regime semiaberto para Unidades prisionais de ressocialização.

O Estado de Alagoas não possui nenhuma Colônia Penal Agrícola, o que coaduna com o levantamento feito pelo INFOPEN (2016), em que asseverou que no referido Estado não há nenhum estabelecimento para o cumprimento no regime semiaberto. Entretanto, é valido mencionar que o Estado possuía uma colônia agroindustrial, mas que se encontra atualmente fechada, devido à falta de estrutura em sua unidade.

Figura 1. Colônia Agroindustrial São Leonardo

Fonte: Governo de Alagoas[1]

Elucidando o motivo do fechamento do referido estabelecimento, temos a notícia veiculada no site G1 Globo.com, pela jornalista Natália Souza (2013):

> [...] A Colônia Agroindustrial São Leonardo, que abrigava os presos em regime semiaberto, foi interditada após uma determinação judicial por falta de estrutura adequada para a ressocialização dos presos em setembro de 2011. [...] Como a Justiça não pode manter os detentos que alcançaram a progressão de pena em regime fechado, os presos ficam livres e a solução que a Superintendência

Geral[1] de Administração Penitenciária de Alagoas (SGAP) encontrou foi monitorá-los utilizando tornozeleiras eletrônicas. Hoje, 370 presos usam o equipamento de monitoração. Os demais reeducandos em regime semiaberto têm que se apresentar periodicamente à Justiça, o que nem sempre acontece e muitos se tornam foragidos.

Evidencia-se na análise do primeiro estado o desinteresse governamental em praticar a ressocialização com a falta de investimentos no sistema. No site institucional do governo de Alagoas[2], consta a seguinte descrição no referido estabelecimento:

> Os reeducandos em regime semiaberto e aberto hoje cumprem pena em prisão domiciliar devido à interdição da Colônia Agroindustrial São Leonardo. Através dos convênios mantidos entre a SERIS e instituições públicas e privadas, o sistema prisional busca reinserir esses reeducandos no mercado de trabalho, e auxilia o retorno ao convívio social. Uma parte dos apenados prestam serviço remunerado em empresas e órgãos públicos como: CASAL, DER, BBA NORDESTE, FAPEAL, CEPAL, DPAL, SERIS, SEDETUR, CBMAL, FERPLAS, IMA, SEMUDH, SSP, PGM/MACEIÓ dentre outros. Os reeducandos são selecionados pela gerência geral da unidade, passando por uma avaliação social e psicológica. Trabalham sob a fiscalização de agentes penitenciários e com o acompanhamento de uma psicóloga e uma assistente social. Em 2016, Alagoas inseriu no mercado de trabalho mais 500 reeducando a partir da formalização de convênios e acordos de cooperação.

Observa-se dados positivos efetivados pelo referido estabelecimento, de modo que se pode afirmar que naquele período a instituição conseguiu efetivar o intuito de ressocialização, mesmo a partir de trabalhos externos, dada a interdição do estabelecimento.

No Estado do Ceará foi identificada a Colônia Agrícola Padre José Arnaldo Esmeraldo Melo, em que registra os seguintes dados: Capacidade de 40 apenados no regime semiaberto e 2 apenados no regime aberto, com atual ocupação de 7 apenados no semiaberto e 2 no regime aberto, havendo uma capacidade de ocupação de 33 detentos (SIP-MP, 2018). No entanto, a referida instituição passa por

---

[1] Disponível em: http://www.seris.al.gov.br/unidades-do-sistema/colonia-agro-industrial-sao-leonardo. Acesso em: fev. 2019.

[2] Disponível em: http://www.seris.al.gov.br/unidades-do-sistema/colonia-agro-industrial-sao-leonardo. Acesso em: fev. 2019.

sucateamento das instalações, conforme notícia veiculada no Jornal Eletrônico O ESTADO (2014)[3], aponta as seguintes informações:

> A colônia agrícola Padre José Arnaldo Esmeraldo de Melo, localizada no município de Santana do Cariri, a cerca de 560 quilômetros de Fortaleza, é responsável por ressocializar os detentos que lá chegam. O problema é que o local está em completo estado de abandono, a condição física do prédio, onde funciona a colônia, é precária e as instalações elétricas e hidráulicas estão comprometidas. Além disso, a rodovia estadual que dá acesso à penitenciária está intrafegável, e os dois veículos que estão à disposição do presídio para a condução dos detentos ou para fazer serviços internos estão parados por não terem mais condições de trafegar. [...]. Os detentos, que passam o dia trabalhando na lavoura agrícola, denunciam que há seis meses não estão recebendo uma ajuda que lhes é enviada pelo governo do Estado como subvenção em função da prestação de seus serviços no valor de R$ 380. De acordo com a lei, o restante dos dias trabalhados é descontado no cumprimento das penas. [...]. Há ainda outros problemas no que diz respeito ao trabalho dos detentos. Há mais de um ano que não tem dinheiro para comprar a ração dos animais. Para não morrerem de fome, os animais estão sendo alimentados à base de mangas e de goiabas. Recentemente, foi feita uma reforma no valor de um milhão de reais, porém, como constatou a reportagem, nada foi feito na parte externa do presídio, e, como resultado, quando a noite cai, os arredores da colônia ficam, completamente, às escuras. Ainda no que diz respeito às condições de trabalho, faltam, aos detentos, ferramentas básicas para trabalhar a terra e cultivar a lavoura. [...].

Evidencia-se que o Ceará já teve a Colônia Agropastoril do Amanari, contudo, foi desativada, conforme a seguinte notícia do Tribunal de Justiça do estado do Ceará no dia 20 de maio de 2011[4]:

> O juiz Luiz Bessa Neto, titular da Vara de Execução Penal e Corregedoria de Presídios da Comarca de Fortaleza, determinou que a Colônia Agropastoril do Amanari, no Município de Maranguape, seja desativada até o final deste mês. A decisão foi comunicada ao secretário de Justiça em exercício, Augusto Sérgio de Câmara Cardoso, por meio de ofício encaminhado nessa quinta-

---

[3] Disponível em: http://www.oestadoce.com.br/ceara/colonia-agricola-esta-abandonada-no-cariri. Acesso em: fev. 2019.

[4] Disponível em: https://www.tjce.jus.br/noticias/juiz-determina-que-colonia-agropastoril-do-amanari-seja-desativada-ate-o-final-de-maio-2/. Acesso em: fev. 2019.

feira (19/05/2019). A interdição da unidade prisional teve início em novembro de 2009 e estava prevista para ser concluída em até dois anos. Na época, o magistrado levou em consideração a insalubridade estrutural e capacidade instalada, o tratamento desumano e degradante da unidade, o que inviabilizava a perspectiva natural de ressocialização e reinserção sadias dos presos à família e à comunidade. O juiz Luiz Bessa Neto decidiu concluir o processo de interdição antes do prazo previsto, devido ao número reduzido de detentos que atualmente se encontram na unidade (em torno de 35) e o custo elevado para a manutenção do local pelo Estado do Ceará. Os atuais detentos deverão ser transferidos para a Colônia Urbana Industrial do Itaperi (antigo IPPOO I), destinada a apenados do regime semiaberto.

Na Paraíba, foi localizado apenas uma colônia Penal Agrícola, que se situa na cidade de Sousa – PB. Evidencia-se um dado atípico, pois embora se trate de uma Colônia Penal Agrícola, que pressupõe a ocorrência do regime semiaberto, se identificou que no referido estabelecimento só acolhe o regime fechado, o que já traz problemas de ordem estrutural, dado esse que é preciso base de segurança máxima para abrigar os referidos presos, demonstrando um descumprimento institucionalizado da legislação.

Segundo o SIP-MP (2018), haveria uma capacidade de 250 presos em regime fechado e 154 presos provisórios, possuindo a ocupação de 296 presos do regime fechado e 100 presos provisórios, ficando com uma ocupação de 8 presos.

Figura 2. Colônia Agrícola de Sousa

Fonte: Site maispb [5]

---

[5] Disponível em: http://www.maispb.com.br/252618/pelo-menos-um-preso-fugiu-de-colonia-penal-agricola-em-sousa.html. Acesso em: fev. 2019.

Não há registros institucionais de desenvolvimento de atividade agrícola na referida unidade prisional.

No Estado do Piauí existe a Colônia Agrícola Major César Oliveira, que está com 53 apenados acima de sua capacidade, o que interfere diretamente nas atividades de ressocialização.

Figura 3. Colônia Agrícola Major César Oliveira
Fonte: Site GP1[6]

Não foi encontrado nenhum desenvolvimento institucional de atividades agrícolas.

No Rio Grande do Norte, verificou-se a existência do Complexo Penal Estadual Agrícola Dr. Mário Negócio, que abriga apenados nos dois regimes, fechado e semiaberto, estando em déficit apenas o regime fechado, possuindo um saldo geral positivo de 72 apenados (SIP- MP, 2018).

Figura 4. Complexo Penal Estadual Agrícola Dr. Mário Negócio
Fonte: SEJUC/RN[7]

---

[6] Disponível em: https://www.gp1.com.br/topicos/colonia-agricola-major-cesar/. Acesso em: fev. 2019.

[7] Disponível em: http://adcon.rn.gov.br/ACERVO/sejuc/Conteudo.asp?TRAN=ITEM&TARG

A pesquisa realizada por Araújo e Oliveira (2018, p. 82), informa que:

> O Complexo Penal Estadual Agrícola Mário Negócio – CPEAMN foi inaugurado na data de 30 de março do ano de 1979, como estabelecimento penal de natureza agrícola, conforme dispõe o Artigo 91 da Lei nº 7.210/84, Lei de Execução Penal, para custodiar internos submetidos ao regime semiaberto. A partir de 30 de junho do ano de 2005, tornou-se complexo penitenciário e passou a abrigar pessoas presas sujeitas ao regime fechado por sentença criminal condenatória, além de receber, a partir de novembro de 2012, a demanda das prisões femininas.

O referido dado é importante, pois ao abrigar os dois regimes de pena incorre nos mesmos de segurança e estrutura.

Os mesmos pesquisadores, abordam acerca do trabalho desenvolvido. Vejamos o descrito a seguir:

> As atividades desenvolvidas com os internos nesta unidade são poucas. Geralmente, circundam a agropecuária, serviços como a manutenção e limpeza das estruturas físicas, além do trabalho na cozinha industrial onde são confeccionadas as refeições dos internos desta e de outra unidade prisional do mesmo município. A maioria dos presos que trabalham pertencem ao regime semiaberto, dos quais 22 se deslocam para o trabalho externo das 06:00 às 18:00 quando são recolhidos à unidade.
>
> Sobre o trabalho com a agricultura, vale salientar que não há produção devido à falta de investimentos por parte das autoridades públicas, pela falta de uma cooperativa ou parceria que gerencie os lucros com a produção para que sejam diretamente revertidos ao CPEAMN. A inflexibilidade dos obstáculos burocráticos também impede a realização de melhores resultados lucrativos que tragam benfeitorias diretamente para a unidade, pois todo o pecúlio com a produção deve favorecer ao Fundo Penitenciário Nacional (FUPEN), que não remete os resultados esperados para melhorias na infraestrutura geral do estabelecimento.
>
> Diante das circunstâncias, torna-se incompatível a existência relacional que contrapõe duas realidades, uma representa a face crítica de administrar uma unidade prisional sem a infraestrutura adequada e por outra os embates jurídicos e burocráticos que limitam o servidor ao adquirir recursos para o aprimoramento das

---

=89229&ACT=&PAGE=&PARM=&LBL=UNIDADES%20PRISIONAIS. Acesso em: fev. 2019.

condições de trabalho e consequentemente uma melhor qualidade para todos envolvidos no ambiente.

Os referidos autores retratam a realidade dos estabelecimentos agrícolas e industriais do país, dado o pouco investimento no trabalho carcerário, o que leva a ineficácia do setor. Salienta-se a constatação de que a maioria das atividades ofertadas são de trabalho interno, o que acaba por não ofertar uma profissionalização do apenado.

É válido mencionar que no site institucional não aponta nenhum trabalho de ressocialização.

3.2 REGIÃO NORTE

Inicialmente constata-se que não foram encontradas Colônias Penais Agrícolas nos Estados do Acre; Amazonas e Tocantins, sendo todos os estabelecimentos destinados ao regime semiaberto, de natureza divergente da atividade agrícola.

Tabela 5. Distribuição de Estabelecimentos Agrícolas no Norte

DADOS GERAIS			CAPACIDADE				OCUPAÇÃO				
UF	Unidade	Sexo	Fechado	S. Aberto	Aberto	Prov.	Fechado	S.aberto	Aberto	Prov	Cap. Ocup
Pará	Colônia Penal Agrícola Santa Izabel-CPASI	Masculino	0	622	0	0	0	813	0	0	-191
	Centro De Recuperação Agrícola Silvio Hall de Moura	Ambos	469	235	0	0	467	261	0	0	-24
Rondônia	Colônia Agrícola Penal Ênio Pinheiro-CAPEP I	Masculino	0	232	0	0	0	410	0	0	-178
Roraima	Penitenciária Agrícola Do Monte Cristo - PAMC	Masculino	750	0	0	0	475	88	0	911	-724
Acre	-	-	-	-	-	-	-	-	-	-	-
Amazonas	-	-	-	-	-	-	-	-	-	-	-
Tocantins	-	-	-	-	-	-	-	-	-	-	-

Fonte: Elaborada pela autora

Passando a analisar os Estados de forma separada, tem-se o Estado do Pará, que possui dois estabelecimentos agrícolas. O primeiro é a Colônia Penal Agrícola de Santa Izabel – CPASI, em que está com déficit de 191 apenados (SIP- MP, 2018).

Figura 5. Colônia Penal Agrícola de Santa Izabel – CPASI

Fonte: G1.com[8]

A referida Colônia realiza produção agrícola efetiva, conforme se observa pelos diversos projetos desenvolvidos, a partir de pesquisa no site institucional do Estado. Conforme Dias (2016)[9]:

> Destinadas aos presos de pequena periculosidade e também aos que cumprem o estágio final da pena, as colônias penais agrícolas têm por objetivo reabilitar os detentos, através da agricultura familiar. No Pará os internos custodiados pela Superintendência do Sistema Penitenciário do Pará (Susipe), dentro da Colônia Agrícola de Santa Izabel (CAPSI), tem essa oportunidade por meio do projeto Nascente, que funciona desde agosto de 2012, com uma equipe formada por seis técnicos e 4 auxiliares agrícolas, que coordenam os 210 detentos que atualmente participam das atividades dentro da colônia.

> O projeto Nascente desenvolve atividades nas modalidades de palmípedes (criação de patos), suinocultura (criação de porcos), compostagem (produção de adubo orgânico), meliponicultura (criação de abelhas sem ferrão), olericultura (hortaliças), tubérculos e fruticultura e este ano começou a criação de frangos caipira (avicultura),

> A iniciativa é resultado de parceria entre a Susipe, programa Articulação e Cidadania, da Casa Civil da Governadoria, secretarias

---

8 Disponível em: https://g1.globo.com/pa/para/noticia/detento-e-morto-a-pedradas-na-colonia-penal-agricola-de-santa-izabel-do-para.ghtml. Acesso em: fev. 2019.

9 Disponível em: http://www.susipe.pa.gov.br/noticias/trabalho-%C3%A9-o-caminho-da-reinser%C3%A7%C3%A3o-de-detentos-na-col%C3%B4nia-agr%C3%ADcola-de-santa-izabel. Acesso em: fev. 2019.

de Estado de Meio Ambiente (Semas), Agricultura (Sagri) e Pesca e Aquicultura (Sepaq), Empresa de Assistência Técnica e Extensão Rural do Pará (Emater), Agência de Defesa Agropecuária (Adepará), Companhia de Saneamento do Pará (Cosanpa), Instituto de Terras do Pará (Iterpa), Universidade Federal do Pará (UFPA) e Empresa Brasileira de Pesquisa Agropecuária (Embrapa).

A iniciativa demonstrada pela referida Colônia Penal, serve de exemplo, para demonstrar que é possível o desenvolvimento efetivo de programas agrícolas sustentáveis. Sobre a produção dessa Colônia Penal, Dias (2016) afirma:

> Segundo dados do setor de produção da colônia agrícola, de janeiro até agora foram plantadas mais x mil novas mudas, de frutas, hortaliças, tubérculos e plantas tropicais. A colônia agrícola conta também em suas criações de animais com 526 patos, 200 frangos por mês e 35 porcos. A meliponicultura está em fase de multiplicação das colônias de abelhas, com previsão de dar início à produção de mel em grande escala para até setembro deste ano.

> Este projeto tem um viés muito interessante que é o conhecimento e a prática para a agricultura familiar, portanto, busca trabalhar o apenado para que ao sair do cárcere possa por usufruir desse conhecimento, tornando-se quem sabe um pequeno empreendedor.

Registre-se que as parcerias foram feitas com o setor público, e possibilita uma produção considerável, levando em conta o número de apenados.

Figura 6. Produção da Colônia Penal Agrícola de Santa Izabel
– PA
Fonte: Ascom Susipe[10]

Figura 7. Projeto de meliponicultura na Colônia Penal Agrícola
de Santa Izabel – PA
Fonte: Ascom Susipe[11]

O segundo estabelecimento identificado no Pará foi o Centro de Recuperação Agrícola Silvio Hall de Moura, que possui um déficit de 24 detentos, observando que nessa instituição cumprem no regime fechado a maior parcela de apenados (SIP- MP, 2018).

Figura 8. Centro de Recuperação Agrícola Silvio Hall de Moura
Fonte: Ascom Susipe[12]

---

[11] Disponível em: http://www.susipe.pa.gov.br/noticias/produ%C3%A7%C3%A3o-de-mel-promove-reinser%C3%A7%C3%A3o-de-presos-e-ajuda-preservar-esp%C3%A9cie-nativa. Acesso em: fev. 2019.

[12] Disponível em: http://www.susipe.pa.gov.br/unidade-prisional/baixo-amazonas/santar%C3%A9m/centro-de-recupera%C3%A7%C3%A3o-silvio-hall-de-moura-crashm. Acesso em: fev. 2019.

O referido estabelecimento Agrícola, também exerce efetivo trabalho agrícola através de vários projetos sociais desenvolvidos pelo Estado do Pará. Cita-se os principais projetos com dados obtidos na página online da Superintendência do Sistema Penitenciário do Pará – SUSIPE[13]:

Nascente - 210 internos;

O Projeto Nascente – Polo Agroindustrial, configura-se como uma ação articulada entre vários órgãos do Governo do Estado para fomentar ações com o fito de atender as necessidades humanas e agroindustriais do Sistema Penitenciário Paraense, intensificando culturas por meio das parcerias, fazendo com que a Colônia Penal Agrícola de Santa Izabel se torne referência no cenário nacional, com vista à intensificação das ações e métodos de Reinserção Social aos internos custodiados pela SUSIPE, naquela Unidade Penitenciária; O objetivo do Projeto se coaduna, sobretudo, com as diretrizes do Núcleo de Reinserção Social – NRS, tais como o comprometimento de ações voltadas à responsabilidade social, com a necessidade de reintegrar o ser humano preso, através de atividades educativas e laborativas que visem à capacitação e qualificação de mão de obra, a fim de reinseri-los à sociedade e ao mercado de trabalho em melhores condições, como forma de redução da reincidência criminal. Mantém 210 internos trabalhando e sendo capacitados nos subprojetos de criação de animais, cultivo de hortaliças, frutas, jardinagem, compostagem, meliponicultura e outros.

Transformando Vidas - 6 internos;

Projeto de qualificação profissional que emprega 06 (seis) internos da Colônia Penal Agrícola de Santa Izabel, desenvolvido em parceria com a Organização Social Pará 2000, que administra o Mangal das Garças, cujo objeto consiste em produção e conservação do viveiro de plantas para o abastecimento de vegetais e larvas do criatório de borboletas, localizado na exposição permanente naquele logradouro público.

Lavoro - 10 internos

Projeto desenvolvido em parceria com o Instituto Federal de Educação, Ciência e Tecnologia – IFPA – Campus de Castanhal.

---

[13] Disponível em: http://susipe.pa.gov.br/content/projetos-sociais. Acesso em: fev. 2019.

Emprega10 (dez) internos da Colônia Agrícola Penal de Santa Isabel (CPASI), que atuam no desenvolvimento dos setores de: Suinocultura, Ovinocultura/ Caprinocultura, Bovinocultura, Avicultura, Olericultura, Fruticultura, Jardinagem e Culturas sazonais no Campus de Castanhal do IFPA.

Esses são os principais projetos que atendem a função social destinada a estabelecimentos agrícolas, os quais vem fomentando trabalho, sustentabilidade e profissionalização, além de gerar economia local com os produtos.

Apresentam outros projetos, que embora sirva de trabalho para remição da pena, estão em destinação diversas agrícolas, que contribuem também no processo de ressocialização e de otimização de gastos públicos. São eles:

Puxirum - 50 internos;

Projeto de Reinserção social de presos pelo trabalho, desenvolvido em parceria com a Prefeitura de Belém, através da SESAN - Secretaria Municipal de Saneamento. Emprega 50 internos da Colônia Penal Agrícola de Santa Izabel, na limpeza urbana e revitalização de praças, canais e logradouros do município de Belém.

Florescer - 15 internos;

Projeto de Reinserção social de presos através do trabalho, desenvolvido em parceria com a Prefeitura de Santa Izabel, através da SEMA - Secretaria Municipal de Meio Ambiente. Emprega 15 internos da Colônia Penal Agrícola de Santa Izabel, na limpeza urbana e revitalização de praças, canais e logradouros do município de Santa Izabel. O interno tem como benefício a remição de sua pena, além de desenvolver noções de responsabilidade, companheirismo, vida em comunidade, respeito, compromisso, entre outros, buscando sempre a autoestima e o encorajamento ao retorno a vida social. A remuneração é estabelecida pela Lei de Execução Penal e se constitui em ¾ do salário mínimo vigente e recolhimento da contribuição previdenciária de 11% (INSS).

F1 - 13 internas;

Projeto de qualificação profissional em parceria com o Tribunal de Justiça do Estado do Pará, que emprega 13 (treze) Internos do Centro de Reeducação Feminino (CRF), Colônia Penal Agrícola de Santa Izabel (CPASI) e egressos, na digitalização e controle de processos judiciais.

João de Barro - 30 internos;

> O projeto atua na capacitação profissional, qualificação para o trabalho e geração de emprego e renda, desenvolvido em parceria com a empresa ConArtConstruções Ltda, na cidade de Marabá, e que emprega a mão de obra carcerária de 30 (trinta) internos da Centro de Recuperação Agrícola Mariano Antunes na construção de novas unidades penitenciárias em Marabá.

Assim, os projetos supramencionados servem de indicação de atividades secundárias, que na ausência de vagas nas atividades principais, são atribuídas para comtemplar com trabalho um número cada vez maior de apenados.

Em Rondônia, têm-se a Colônia Agrícola Penal Ênio Pinheiro (CAPEP I), que possui vagas apenas no regime Semiaberto, com déficit de vagas de 178 apenados (SIP- MP, 2018).

Figura 9. Colônia Agrícola Penal Ênio Pinheiro

Fonte: Secom – Governo de Rondônia[14]

Não foi evidenciado nenhum trabalho agrícola no referido estabelecimento, o que demonstra uma completa ineficiência do sistema.

No Estado de Roraima têm-se a Penitenciária Agrícola do Monte Cristo – PAMC, que apresenta um déficit de 724 pessoas, sendo um dado alarmante, principalmente pelo fato de mesmo sem vagas para

---

[14] Disponível em: https://www.google.com/search?q=COL%C3%94NIA+AG R%C3%8DCOLA+PENAL+%C3%8ANIO+PINHEIRO+(CAPEP+I)&rlz=1 C1SQJL_ptBRBR804BR804&source=lnms&tbm=isch&sa=X&ved=0ahUKEwj Qjdu9ipTgAhVSnKwKHaniBWUQ_AUIECgD&biw=1366&bih=657#imgrc=P 8cLU3mVP9lz2M. Acesso em: fev. 2019.

regime semiaberto, possuem 88 detentos nessa condição (SIP- MP, 2018).

Figura 10. Colônia Agrícola Penal Ênio Pinheiro

Fonte: Sul21[15]

Não há nenhum registro de atividades agrícolas no referido estabelecimento. Conforme notícia de janeiro de 2017, pelo Jornal online Sul21, a colônia precisou de intervenção Federal para restabelecer a segurança do presídio.

3.3 REGIÃO SUL

A Região apresentou o melhor desempenho entre todos as outras regiões, tendo em vista que em todos os seus estados se identificou a presença de estabelecimentos agrícolas.

A tabela a seguir apresenta os dados referentes a Região Sul:

Tabela 6. Distribuição de Estabelecimentos Agrícolas no Sul

---

[15] Disponível em: < https://www.sul21.com.br/ultimas-noticias/geral/2017/01/local-da-morte-de-33-detentos-presidio-de-roraima-volta-a-registrar-tumulto/>. Acesso em: Fev 2019.

DADOS GERAIS			CAPACIDADE				OCUPAÇÃO				
UF	Unidade	Sexo	Fechado	S. Aberto	Aberto	Prov.	Fechado	S. Aberto	Aberto	Prov	Cap.Ocup.
Paraná	Colônia Penal Agroindustrial	Masculino	0	1440	0	0	0	970	0	0	470
Santa Catarina	Colônia Agrícola De Palhoça	Masculino	0	424	0	0	0	848	0	0	-424
Santa Catarina	Penitenciária Agrícola De Chapecó	Masculino	378	275	0	0	399	344	0	0	-90
Rio Grande Do Sul	Colônia Penal Agrícola Gal. Daltro Filho de Charqueadas	Masculino	0	150	0	0	0	152	0	0	-2

Fonte: Elaborada pela autora

Observa-se que no Paraná há uma Colônia Penal Agroindustrial, em que acolhe presos no regime semiaberto, e possui uma capacidade de ocupação positiva de 470 presos (SIP- MP, 2018).

Figura 11. Colônia Penal Agroindustrial/ **Fonte:** Marco Charneski (2018)[16]

Conforme o Departamento penitenciário do Estado do Paraná – DEPEN-PR, a referida colônia desenvolve várias atividades agroindustriais, no entanto, não se identificou atividades agrícolas propriamente ditas, mas sim produtos industrializados. Veja-se as informações do site institucional do DEPEN-PR[17]:

---

[16] Disponível em: https://www.tribunapr.com.br/noticias/seguranca/adolescente-de-17-anos-passa-noite/. Acesso em: fev. 2019.

[17] Disponível em: http://www.depen.pr.gov.br/modules/conteudo/conteudo.php?conteudo=27. Acesso em: fev. 2019.

Escola

Reformada com recursos do Fundo Penitenciário e mão-de-obra dos presos da CPA, para alfabetizar e profissionalizar os internos da Colônia Penal. O estabelecimento conta com uma área de 288,68 alqueires de terra, onde são desenvolvidos projetos Agropecuário e industrial, destinados a auxiliar na manutenção do Sistema Penitenciário do Paraná. Atualmente, sua capacidade é de 1361 presos, mantendo-se dentro desse limite populacional. Destes, 97,2 % da população carcerária emprega sua mão-de-obra nos 92 canteiros de trabalho e atividades industriais, conservação, manutenção, cozinha, olaria, agropecuária, rouparia, barbearia, e construção civil.

Competências

Promover a reintegração social dos presos e o zelo pelo seu bem-estar através da profissionalização, educação, prestação de assistência jurídica, psicológica, social, médica, odontológica, religiosa e material.

Estrutura Física

Ocupação da área: 1.656,65ha Área construída: 22.388,00m²

Área com benfeitorias e estradas: 27,88ha Administração/Setores Técnicos: 4.087m²

Área florestada: 109,03ha Segurança/Refeitório e Alojamentos: 5.643m²

Área destinada à agropecuária: 444,35ha Canteiros de Trabalho: 9.520m²

Área ocupada através de convênios: 178,06ha Recreação: 1.117m²

Área alagadiça (barreiro/areal): 54,39ha Moradias de funcionários: 1.680m² Área alagadiça e não utilizada: 632,94ha

Parque Industrial

Conta com barracões distribuídos numa área superior a 5.000 m², utilizados por empresas de diferentes ramos de atividades, com objetivo de ofertar novas alternativas de profissionalização para os detentos. Inicialmente será absorvida mão-de-obra de 120 detentos; O controle de acesso dos internos aos canteiros do Parque Industrial é feito através de um crachá de identificação, com código de barras, cujo sistema automatiza o controle efetivo dos dias e horas trabalhadas para efeito de remição de pena dos detentos.

Empresas instaladas no Parque Industrial da Colônia Penal Agrícola através de convênio com o Fundo Penitenciário:

Paraná Esporte - "Projeto Pintando a Liberdade": Absorve mão-de-obra de 20 internos na fabricação de bolas de futebol de campo e de salão, redes esportivas e bonés. O projeto é uma iniciativa do Ministério do Esporte e Turismo com objetivo de promover as atividades esportivas dos menores carentes.

Auto Capas e Capotas Felipe Ltda.: Produz capotas para todos os tipos de pick-up nacionais e importadas, redes para caçambas, capas para carros, capas marítimas, sacos de areia para carrocerias.

Flexi Office Store: Industrialização e pintura de aglomerado de fibra de madeira de média densidade, em peças para móveis de escritório.

Portanto, pode-se verificar que o trabalho agrícola não está incorporado pelas empresas investidoras, no entanto, é uma estrutura de ótimas possibilidades de desenvolvimento, dado que não possui superlotação.

No Estado de Santa Catarina, identificou-se dois estabelecimentos agrícolas, uma colônia e uma penitenciária. Na Colônia Agrícola de Palhoça, que acolhe somente apenados do regime semiaberto, há um déficit de vagas de 424 apenados, de modo a se evidenciar uma superpopulação carcerária, que conforme já abordado, afeta na execução ideal de atividades de ressocialização (SIP- MP, 2018).

Figura 12. Colônia Agrícola de Palhoça/ Fonte: DEAP[18]

Não há nenhuma menção acerca de projetos agrícolas nos sites

[18]	Disponível em: http://www.deap.sc.gov.br/index.php/unidades-prisionais/unidades-prisionais-grande-florianopolis/440-colonia-penal-agricola-de-palhoca. Acesso em: fev. 2019.

institucionais, nem em matérias jornalísticas, ressaltando, que Vargas (2018)[19], discorre acerca da Associação Empresarial de Palhoça (Acip) se reunir com Empresários para oportunizar 100% a atividade aos apenados, no entanto, não há qualquer menção acerca da efetividade dessa reunião.

Por fim, tem-se a Penitenciária Agrícola de Chapecó, que abriga pesos no regime fechado e semiaberto, possui hoje um déficit de 90 presos (SIP- MP, 2018).

Figura 13. Penitenciária Agrícola de Chapecó/**Fonte:** DEAP[20]

Vigne (2001, p. 94) apontou que naquela ocasião não houve desenvolvimento de atividades agrícolas, informando as destinações de trabalhos:

Gráfico 8. Destinação de trabalhos em 2001 na Penitenciária Agrícola de ChapecóFonte: Vigne (2001, p. 94)

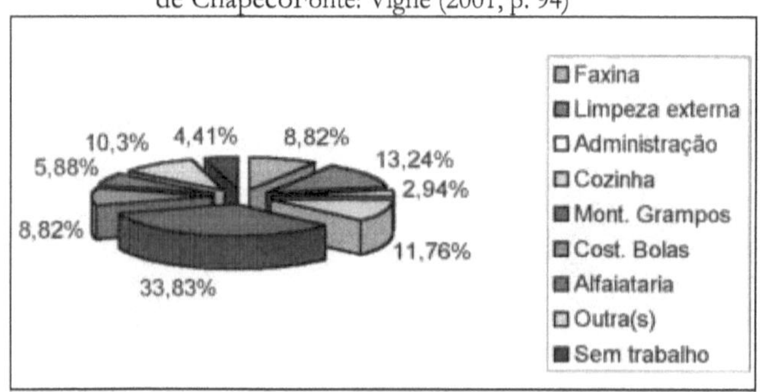

---

[19] Disponível em: https://www.nsctotal.com.br/colunistas/diogo-vargas/colonia-agricola-de-palhoca-deve-receber-empresas-e-reforcar-trabalho. Acesso em: fev. 2019.

[20] Disponível em: http://www.deap.sc.gov.br/index.php/unidades-prisionais/14-oeste/412-penitenciaria-agricola-de-chapeco. Acesso em: fev. 2019.

O retromencionado autor, tece críticas acerca da ausência de profissionalização, por atividades que serviriam apenas para remissão da pena e não para efetivamente ressocializar o apenado na sociedade.

Finalizando a Região Sul, verificou-se no Estado do Rio Grande do Sul a Colônia Penal Agrícola Gal. Daltro Filho de Charqueadas, possui ocupação apenas no regime semiaberto, o déficit de vagas é de apenas 2 apenados (SIP- MP, 2018).

Figura 14. Colônia Penal Agrícola Gal. Daltro Filho de Charqueadas/**Fonte:** SUSEPE-RS[21]

De acordo com a Superintendência dos Serviços Penitenciários do Rio Grande do Sul – SUSEPE-RS, há a produção de morangos no referido estabelecimento. Foi evidenciado o Projeto Estufa I, em 2016 com esse intuito. As imagens coletadas do site Flickr[22] mostram a realização do projeto:

---

21 Disponível em: http://www.susepe.rs.gov.br/conteudo.php?cod_menu=4&cod_conteudo=2731. Acesso em: fev. 2019.

22 Disponível em: https://www.flickr.com/photos/ssp_rs/sets/72157686265256725/. Acesso em: fev. 2019.

Figura 15. Projeto Estufa I

Fonte: Flickr

Figura 16. Apenado trabalhando no Projeto Estufa I

Fonte: Flickr

Acerca do referido, diagnostica-se a efetividade de ressocialização, conforme dispõe Carôllo (2017)[23]:

> Por iniciativa da Ouvidoria da Secretaria de Justiça e Direitos Humanos, sem contrapartida financeira do governo estadual, articulou-se parcerias com Susepe, Emater e setores privados para viabilizar o projeto Fazenda Modelo, programa autossustentável que completa um ano neste mês. **Um dos frutos já colhidos, mesmo sem a primeira safra ter sido colocada à venda, é que o número de reincidências no crime depois que os apenados**

---

[23] Disponível em: < https://gauchazh.clicrbs.com.br/noticia/2017/03/projeto-pioneiro-de-reinsercao-social-para-apenados-completa-um-ano-cj5wmbx5v1w47xbj00eh0fe1j.html>. Acesso em: Fev de 2019.

estão em liberdade é nulo. (Negrito nosso)

Portanto, ao retratar um número nulo de reincidências, é uma evidência palpável de que o trabalho agrícola sustentável é uma ferramenta de trabalho ressocializadora, embora não se possa considerar como fator isolado a referida constatação, dado que o processo de ressocialização é devido diversos fatores criminológicos.

Conclui-se que a região sul está de forma considerável implementando a agricultura como um trabalho possível de ressocialização e fomento do setor agroindustrial.

3.4 REGIÃO SUDESTE

Verificou-se a ausência de colônias agrícolas nos Estados de Minas Gerais e São Paulo, tendo em vista que estes Estados utilizam outras espécies de estabelecimentos para o regime semiaberto. Veja-se:

Tabela 7. Distribuição de estabelecimentos agrícolas no Sudeste

DADOS GERAIS			CAPACIDADE				OCUPAÇÃO				
UF	Unidade	Sexo	Fechado	S. Aberto	Aberto	Prov.	Fechado	S. aberto	Aberto	Prov	Cap.Ocup.
Espírito Santo	Penitenciária Agrícola Do Espírito Santo	Masculino	0	475	0	0	0	564	0	0	-89
Rio De Janeiro	Colônia Agrícola Marco Aurélio Vergas Tavares de Matos	Masculino	0	140	0	0	0	87	0	0	53
Minas Gerais	-	-	-	-	-	-	-	-	-	-	-
São Paulo	-	-	-	-	-	-	-	-	-	-	-

Fonte: Elaborada pela autora

No Espírito Santo, identificou-se a Penitenciária Agrícola do Espírito Santo, que embora não tenha criação específica para o regime semiaberto, por se tratar de uma penitenciária e não de uma Colônia Penal, atualmente é ocupada apenas por detentos do regime semiaberto, apresentando um déficit de 89 penados (SIP- MP, 2018).

De acordo com informações da Secretaria de Estado da Justiça do Espirito Santo – SEJUS-ES (2018)[24]:

---

[24] Disponível em: https://sejus.es.gov.br/Not%C3%ADcia/penitenciaria-agricola-esta-passando-por-reformas. Acesso em: fev. 2019.

[...]. Outra parte dos detentos trabalha na horta da unidade. As hortaliças e os legumes produzidos por eles são doados, mensalmente, a instituições filantrópicas. O cultivo da horta acontece desde 2013, por meio do projeto Cultivando a Liberdade. Os detentos trabalham na plantação e colheita de diversos alimentos como alface, couve, hortelã, rúcula, batata doce, milho, beterraba, alecrim e manjericão.

Além do referido projeto ligado a agricultura, existem outras ofertas ligadas a indústria, como confecção de brinquedos. Um reflexo do trabalho da referida penitenciária, foi evidenciada com a apresentação do trabalho realizado na unidade prisional durante a 35ª Exposição Estadual Agropecuária (GranExpoES). Observe:

Figura 17. Internos da Penitenciária Agrícola do Espírito Santo (Paes)

Fonte: Blog Alternativas Penais[25]

É válido transcrever a importância da referida participação, como demonstração de efetividade do trabalho realizado, Feguri (2011):

Os internos da Penitenciária Agrícola do Espírito Santo (Paes) estão tendo a oportunidade de apresentar os frutos do trabalho realizado na unidade prisional durante a 35ª Exposição Estadual Agropecuária (GranExpoES). O evento, realizado até o próximo domingo (14) no Pavilhão de Carapina, na Serra, conta com a participação de 20 detentos que atuam nos projetos de ressocialização. Estão sendo

---

[25] Disponível em: https://gneroalternativaspenais.blogspot.com/2011/08/internos-da-penitenciaria-agricola.html. Acesso em: fev. 2019.

apresentados ao público os programas "Semeando a Liberdade" e "Plantando a Solidariedade", responsáveis, respectivamente, pelo cultivo de mudas de eucalipto e hortaliças. A unidade prisional também produz mudas nativas e ornamentais, que estão sendo exibidas na GranExpoES, sob coordenação do engenheiro agrônomo Gérson Peixoto. Os projetos são resultado da parceria da Secretaria de Estado da Justiça (Sejus), por meio da Diretoria de Ressocialização do Sistema Penal (Diresp), com a Secretaria de Estado da Agricultura, Abastecimento, Aquicultura e Pesca (Seag) e o Instituto Capixaba de Pesquisa, Assistência Técnica e Extensão Rural (Incaper). Luís Márcio Neves, um dos internos responsáveis pela horta na penitenciária, demonstrou alegria pela oportunidade de apresentar o trabalho realizado. "Para nós, é uma oportunidade boa de mostrar nosso esforço. A população vai conhecer um pouco do que temos feito de produtivo. Acredito que outros empresários também possam se interessar por esse trabalho", declarou. Para o secretário de Estado da Justiça, Ângelo Roncalli de Ramos Barros, o sucesso do projeto é fruto da união entre o Governo, as instituições de ensino e a iniciativa privada. Atualmente, também dão apoio ao "Semeando a Liberdade" a Fibria e o Serviço Nacional de Aprendizagem Rural (Senar). "A educação, os cursos profissionalizantes e o trabalho são os pilares da ressocialização", defende Roncalli.

É notória a importância de buscas de parcerias desempenhadas pelo Estado, conforme evidenciado até o presente momento, os Estados que promoveram projetos de fomento ao setor Agroindustrial, com a iniciativa privada obtiveram êxito.

No Rio de Janeiro foi demonstrado a Colônia Agrícola Marco Aurélio Vergas Tavares de Matos, que abriga presos do regime semiaberto, atualmente com capacidade positiva de 53 apenados (SIP- MP, 2018).

Na referida Colônia Penal Agrícola é diagnosticada a ocorrência de alguns projetos com objetivo de ressocialização, conforme apresenta a figura abaixo.

Figura 18. Projeto Replantando Vida da Colônia Agrícola Marco Aurélio Vergas Tavares de Matos/ Fonte: Clarice Castro/ GERJ[26] (2014)

O projeto tem resultados positivos esperados para o regime semiaberto. Transcrevendo as informações jornalísticas por Castro (2014):

> Cem apenados do sistema penitenciário estão trabalhando no primeiro viveiro de mudas florestais de Mata Atlântica instalado em uma unidade prisional no estado. Os internos, que cumprem pena no regime semiaberto, participam do projeto Replantando Vida, iniciativa da Nova Cedae em parceria com a Secretaria de Administração Penitenciária e a Fundação Santa Cabrini. Localizado na Colônia Agrícola Marco Aurélio Vergas Tavares Mattos, em Magé, na Baixada Fluminense, o espaço tem capacidade para produzir 1,3 milhão de mudas por ano.

Figura 19. Projeto Replantando Vida da Colônia Agrícola Marco Aurélio Vergas Tavares de Matos/ **Fonte:** Clarice Castro/ GERJ[27] (2014)

---

[26] Disponível em: https://fotospublicas.com/projeto-ecologico-auxilia-na-ressocializacao-de-egressos-rio-de-janeiro/. Acesso em: fev. 2019.

[27] Disponível em: https://fotospublicas.com/projeto-ecologico-auxilia-na-ressocializacao-de-egressos-rio-de-janeiro/. Acesso em: fev. 2019.

Através da observação das fotos é possível constatar o potencial econômico e laborativo do referido projeto, que é de fácil implementação para ser usada como modelo para inúmeras colônias Penais agrícolas.

É válido mencionar que no Estado de São Paulo possuía o Instituto Penal Agrícola, todavia, foi transformado em Centro de Progressão Penitenciária (CPP) 3 de Bauru, perdendo assim a possibilidade de ofertar a ressocialização através da agricultura para seus apenados.

3.5 REGIÃO CENTRO-OESTE

Aponta-se que os Estados de Mato Grosso do Sul e Distrito Federal, não possuem estabelecimentos penais agrícolas. Observe os dados a seguir:

Tabela 8. Distribuição de Estabelecimentos Agrícolas no Centro-Oeste

DADOS GERAIS			CAPACIDADE				OCUPAÇÃO				
UF	Unidade	Sexo	Fechado	S. Aberto	Aberto	Prov.	Fechado	S. Aberto	Aberto	Prov	Cap.Ocup.
Goiás	Colônia Agroindustrial do Regime Semiaberto	Masculino	0	423	0	0	0	1191	0	0	-768
Mato Grosso	Colônia Penal Agrícola das Palmeiras	Masculino	60	20	0	0	12	1	0	0	67
Distrito Federal	-	-	-	-	-	-	-	-	-	-	
Mato Grosso Do Sul	-	-	-	-	-	-	-	-	-	-	

Fonte: Elaborada pela autora

No Estado de Goiás aponta-se a Colônia Agroindustrial do Regime Semiaberto, que possui um déficit alarmante de 768 apenados.

Figura 20. Colônia Agroindustrial do Regime Semiaberto
Fonte: G1.com[28]

Em notícia veiculada em agosto de 2018, foi informado que diante das ausências de vagas os presos estariam ficando fora dos presídios, e que o terreno da Colônia Agroindustrial seria vendido, para que o comprador efetuasse o pagamento construindo uma nova unidade (G1, 2018).

Em contrapartida o referido estabelecimento possui projetos sustentáveis de ressocialização para os apenados que estão cumprindo pena. Conforme Alexandre (2018):

> Recentemente, 50 presos foram inseridos no Projeto Recuperando Pessoas e Vidas, que visa a manutenção de parques e áreas verdes da capital através do trabalho de detentos do semiaberto da Colônia Agroindustrial de Aparecida de Goiânia, que recebem a remuneração de um salário mínimo (R$ 954) pelo serviço. Os resultados são refletidos na redução dos índices de reincidência dos presos. Segundo exposto pelo diretor, em 2012, o índice de retorno de presos para o presídio era de 85%. Atualmente, o índice caiu para 35%. Cada monitoramento é realizado a cada seis meses. "Nunca tivemos uma fuga e isso que é o mais gratificante", lembra.

Embora o projeto não fomente o setor Agroindustrial, possui uma finalidade social relevante para a comunidade e para os detentos que possuem a oportunidade de ressocializar, obtendo sucesso,

---

[28] Disponível em: https://g1.globo.com/go/goias/noticia/2018/08/08/por-falta-de-vagas-presos-do-semiaberto-que-deveriam-trabalhar-de-dia-e-dormir-no-presidio-ficam-fora-da-cadeia-em-goias.ghtml. Acesso em: fev. 2019.

conforme exposto na citação retro.

Figura 21. Projeto Recuperando Pessoas e Vidas da
Colônia Agroindustrial

Fonte: MaisGoiás[29]

Por fim, avaliando o Estado do Mato Grosso, identificou-se a
Colônia Penal Agrícola das Palmeiras, que abriga presos do regime
fechado e semiaberto, possuindo um saldo positivo para ocupação
de 67 apenados, o que é evidenciado uma população carcerária
adequada, embora se encontrem em regimes diferenciados.

Figura 22. Colônia Penal Agrícola das Palmeiras

Fonte: SEJUDH[30]

---

[29] Disponível em: https://www.emaisgoias.com.br/projetos-de-ressocializacao-de-presos-ganham-espaco-em-goias/. Acesso em: fev. 2019.

[30] Disponível em: http://www.sejudh.mt.gov.br/colonia-penal>. Acesso em: fev. 2019.

Analisando os dados informados nos sites institucionais do Estado do Mato Grosso, expõe a ocorrência de agricultura de sustentabilidade. Aborda Prata (2016)[31]:

> [...] Como parte da reestruturação, o engenheiro agrônomo e agente prisional Pedro Marques, que coordena a unidade, está firmando parcerias com a Secretaria de Trabalho e Assistência Social, Serviço Nacional de Aprendizagem Rural, Instituto Federal e Universidade Federal de Mato Grosso (UFMT) que garantam a educação e qualificação profissional destes detentos, já que uma das condições impostas para continuar na Colônia será a presença nos cursos profissionalizantes e o retorno aos estudos de onde parou. A reestruturação engloba ainda a reforma das 32 casas locais para receber os internos, usando mão de obra de reeducandos. O entorno das casas, formado pela área de lazer, salas de aula e consultórios médicos e odontológicos, que já estão equipados, também passarão por reformas. Uma importante parceria foi estabelecida com o Secretaria de Agricultura Familiar que, por meio da Empaer, garantirá o aporte técnico de agrônomos, a comercialização dos produtos e a oferta de insumos como sementes, mudas, defensivos agrícolas e adubos. Todos os reeducandos ajudam na manutenção da unidade, realizando tarefas como limpeza de pátios e reparos de cercas, atividades que garantem a remição de pena, de um dia para cada três trabalhados. Os detentos que trabalham na lavoura, tiram leite e criam frango ou suíno recebem pela comercialização dos produtos e mão de obra empregada. Desse valor metade é dividido com o centro de ressocialização e é usado para garantir o funcionamento da estrutura, compra de insumos, manutenção e compra de maquinários e equipamentos. Cada interno fica responsável pelo preparo de sua comida, cuidados com a casa e lavagem de roupa. Os presos não têm autorização para sair da propriedade. Os que transgridam os limites são recolhidos e mandados de volta ao regime fechado. O carro chefe da produção continuará sendo a mandioca, que é tradicional na região. No primeiro momento serão comercializados também frutas e hortaliças. Depois serão inseridos ou ampliados a criação do gado leiteiro, peixe, produção de mel, avicultura para carne e ovo, suínos, milho e cana-de-açúcar, aumento de hortifrutigranjeiros e industrialização de embutidos. A produção será diversificada o máximo possível e tudo que for produzido no Centro de

---

[31] Disponível em: http://www.mt.gov.br/-/4639395-centro-de-ressocializacao-agricola-palmeiras-passa-por-reestruturacao-e-recebe-novos-recuperandos?inheritRedirect=true. Acesso em: fev. 2019.

Ressocialização será usado no sustento dos internos e para comercialização nas feiras de Cuiabá. (Negritos nossos).

A referida colônia é um importante exemplo nacional da agricultura de sustentabilidade como forma de ressocialização aplicado, embora tenha passado por falta de investimentos e necessidades de reestruturação, apresenta-se como um exemplo de um fomento sustentável de atingir redução de gastos públicos, pela manutenção realizada através do próprio apenado com sua comida, bem como atingindo a ressocialização. Desse modo, a colônia, mesmo sem parcerias industriais é possível a implementação de um modelo agrícola sustentável.

3.6 DIAGNÓSTICO NACIONAL DOS ESTABELECIMENTOS PRISIONAIS AGRÍCOLAS NO BRASIL

Sucessiva a observação de todos os estabelecimentos com finalidade institucional agrícola no Brasil, pode-se constatar que ainda é bastante escasso a sua fomentação. Abaixo, é apresentada a proporção de estabelecimentos por região:

Gráfico 9. Comparação regional em estabelecimentos penais agrícolas no Brasil

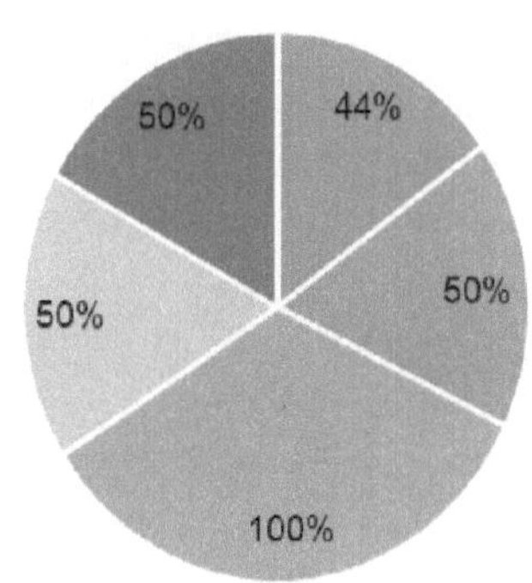

Fonte: Elaborado pela autora

Observa-se que na Região Norte, Sudeste e Centro Oeste possuem estabelecimentos agrícolas na metade (50%) de seus Estados, no Nordeste apenas 44,4% possuem estabelecimentos agrícolas, na Região Sul constatou-se que há estabelecimentos penais agrícolas em todos os seus Estados (100%). Tais dados consideram a ocorrência de estabelecimento agrícola dentro do Estado, sem, contudo, observar a existência de mais de um estabelecimento. Verificou-se que apenas os Estados de Santa Catarina na Região Sul e Pará na Região Norte tiveram dois estabelecimentos.

Além da escassez de estabelecimentos voltados para o desenvolvimento agroindustrial, têm-se a ineficácia dos trabalhos nos referidos estabelecimentos, visto que a maioria não possui projetos que tragam efetividade de produção, desviando por completo a sua finalidade. Ressalta-se a necessidade de fomentação de capacitação profissional para atingir a finalidade do trabalho, pois além de oportunizar a remição da pena, o trabalho deve retirar a ociosidade e propiciar ao apenado sair com um ofício a ser desempenhado e, consequentemente, não seja mais preciso delinquir.

A maioria dos trabalhos ofertados são secundários, como em cozinha e limpeza, sendo poucos voltados a profissionalização. Pode-se verificar que a agricultura pode ser trabalhada em dois aspectos. O primeiro voltado à indústria, na reprodução de alimentos e mudas para venda, e o segundo é a agricultura de sustentabilidade, voltada a subsistência do apenado. Nota-se, portanto, um leque a ser explorado pelas características de cada estabelecimento penal, sobre seu suporte em desenvolver em larga ou pequena escala, no entanto, que não deixe de promover a sua finalidade social.

A Região Sul, ao possuir estabelecimentos agrícolas em todos os seus Estados, e por promover uma agroindústria efetiva, está à frente das demais regiões brasileiras. Em contrapartida, o Nordeste investe pouco na ressocialização através do trabalho agrícola, além disso, os poucos estabelecimentos que possui não estão cumprindo sua finalidade, evidenciando a inocorrência de trabalhos agrícolas institucionalizados. A utilização da agroindústria como ferramenta de ressocialização se mostrou viável, ao observarmos, por exemplo, o Projeto Replantando Vida da Colônia Agrícola Marco Aurélio

Vergas Tavares de Matos – RJ, Projeto Estufa I – RS, Colônia Penal Agrícola de Santa Izabel – PA, todos demonstrando efetividade no intuito de fomentação à economia, Ressocialização dos apenados e redução de gastos do poder público na manutenção dos estabelecimentos penais agrícolas.

4

DA NECESSIDADE DE GESTÃO PÚBLICA SUSTENTÁVEL COMO FERRAMENTA DE RESSOCIALIZAÇÃO

A Lei de execução penal prevê expressamente que a execução penal tem a finalidade de proporcionar a harmônica integração social do apenado. Assim, a partir dessa determinação legal, o presente capítulo estuda a aplicabilidade desse dispositivo na prática, observando a forte influência que o modelo de administração adotada, bem como as aptidões gerenciais para conseguir atingir a finalidade da LEP, obtém influência na execução do objetivo.

No entanto, para colocar em prática os dispositivos legais, é preciso que os gestores prisionais de empenhem para a produção dos resultados, dado que a gerência tem um papel fundamental no desenvolvimento e efetivação da ressocialização.

Assim, se verifica os indicadores apontados para ressocialização de modo que ao final se demonstra o diagnóstico atual da gestão prisional e sugere a gestão ideal para obter a finalidade de ressocialização.

Inicialmente é importante a constatação de uma nova forma de gerenciar instituições públicas, a partir de uma ênfase dada aos resultados, a relação custo-benefício das opções públicas e em consequência a resposta de qualidade no atendimento ao cidadão, principalmente na observação de profissionais qualificados. (LIMA,2007). É necessário a aplicabilidade do princípio da eficiência como norteador do objetivo de ressocialização, o que infelizmente não ocorre nos estabelecimentos prisionais.

Se mostra ao longo do tempo uma incapacidade da justiça criminal para reverter os níveis de criminalidade, que além de se mostrar uma matéria complexa porque depende da criminalidade de cada indivíduo, mas também porque a própria administração pública não gerencia adequadamente o cárcere.

Assim, no presente tópico pretende abordar de forma canalizada o gerenciamento das aptidões gerenciais dos gestores prisionais na alocação dos recursos e na busca a tornar efetiva a ressocialização do apenado, de forma a inovar nas pesquisas da área que se limitam a tratar apenas do ponto de vista sociológico e psicológico do apenado.

O administrador público deve se mostrar sensível à percepção dos custos sociais que uma má gerência do sistema prisional pode ocasionar, pois seus efeitos recaem diretamente na sociedade quando ex-detentos cometem novos crimes provocando doenças psicológicas e físicas em suas vítimas, além das mortes, das dependências químicas e alcoólicas que desencadeiam outros efeitos sociais a longo prazo com gerações cada vez mais violentas e qualidade de vida reduzida.

Recentemente, em agosto de 2018, o Conselho Nacional de Justiça – CNJ, percebeu a necessidade de um diagnóstico aprofundado do sistema penitenciário e realizou o primeiro Banco Nacional de Monitoramento de Prisões (BNMP, 2018), em que se justificou a necessidade de realizar um cadastramento nacional dos presos para compreender a problemática e ao mesmo tempo informando que:

> Historicamente opaco, o cárcere se mostra refratário ao aprofundamento de diagnósticos, à fiscalização e ao monitoramento por agentes externos, bem como à revisão e inovação das suas práticas de gestão (BNMP, 2018, p. 7).

Assim, pode-se mencionar que a gestão voltada para a ressocialização através de fomentação do trabalho agroindustrial atenderia a inovação de práticas de gestão necessárias para ressocialização.

4.1 ANÁLISE DA GESTÃO PENITENCIÁRIA ATUAL

O crescimento e a complexidade adquirida pelas organizações ao longo do tempo acabaram por trazer a necessidade de novas aptidões gerenciais aos gestores públicos. Vale ressaltar a evolução das competências para enxergar as necessidades atuais. Taylor (*apud* LIMA, 2007) afirma que todo trabalhador necessita supervisão através de um gerente e que a ele caberia a responsabilidade da organização dos processos de trabalho com bases científicas, acabando por classificar essas atribuições do gerente em: selecionar, treinar, aperfeiçoar e cooperar com o trabalhador na manutenção equitativa do labor.

Aponta Fayol (*apud* LIMA, 2007) que é preciso demonstração de capacidade de administrar pelo gerente, com funções básicas de planejar, organizar, comandar, coordenar e controlar, no qual acaba por apontar a necessidade de qualidades como inteligência, vigor e saúde física, capacidade administrativa, bem como uma visão resumida sobre as funções da empresa.

A presente temática ganha fundamental importância quando abordamos o grave problema de segurança pública que precisa ser trabalhado por várias esferas do setor público para ser realmente resolvido. Como exemplo da complexidade envolvida nesse assunto, diversos especialistas citam o papel da educação, de um ambiente familiar favorável, além de condições de vida dignas como fatores essenciais para a redução da criminalidade, pois muitos jovens acabam se integrando a organizações criminosas justamente por não terem tido acesso a esses condicionantes.

Diante desse quadro preocupante, o administrador público deve entender seu papel como um agente de mudanças e estar preparado para a busca de soluções. Assim, é importante se questionar como o gestor público está atuando e se ele está em busca de um quadro de eficácia da ressocialização prisional, procurando para tanto, evidenciar se atualmente há uma gestão mecanicista ou humanizada.

Nesse contexto, cabe ressaltar também a complexidade da abordagem da ressocialização, tendo em vista que o objeto de trabalho são pessoas que viveram a margem da sociedade, precisando serem trabalhados temas que muitas vezes não fizeram parte da vida pregressa do apenado. Para isso, o preso precisaria passar por um processo de reeducação, de socialização e de acesso condições de vida digna. A identificação de fragilidades para colocação em prática desse tipo de processo demanda uma grande necessidade de uma gestão baseada em diagnósticos corretos.

Considerando o exposto, a partir da análise da Lei de Execuções Penais, pode-se extrair os aspectos necessários a administração prisional, de maneira a trazer a esse ambiente uma boa gestão.

4.2 RESULTADOS DA PESQUISA: ESTUDO DE CASO DA COLÔNIA PENAL AGRÍCOLA DA CIDADE DE SOUSA E A ANÁLISE QUALITATIVA E COMPARATIVA COM PRÁTICAS GERENCIAIS IDEAIS E ADERENTES À LEP

De maneira ilustrativa acerca da importância das práticas gerenciais, a presente pesquisa traz a inclusão dos resultados de pesquisa realizada por esta pesquisadora para Trabalho de Conclusão de Curso – TCC, de Especialização em Gestão Pública, pelo Instituto Federal da Paraíba – IFPB.

No intuito de melhor identificar práticas gerenciais ideais acerca da gestão prisional, realizou-se no dia 21 de setembro de 2018, entrevista escrita, previamente estruturada, com o Diretor da Colônia Penal Agrícola da Cidade de Sousa, em que se procurou identificar os problemas gerenciais que pudessem influenciar nas dificuldades de se realizar uma efetiva ressocialização do cárcere.

Assim, a entrevista analisa aspectos qualitativos no exercício do cargo do gestor e os seus resultados procuram ser comparados com as práticas gerenciais recomendadas, além de se comparar com a adesão às recomendações indicadas na Lei de Execuções Penais.

Na pergunta n° 01 lhe foi questionado acerca da sua formação profissional e experiências profissionais, e o mesmo respondeu que é Licenciado em Matemática, e exerceu por sete anos a função de professor. Na Questão n°05 lhe foi questionado também se houve seleção para o cargo e na n° 02 se houve algum treinamento específico para ocupar o cargo de gestor e o mesmo respondeu que não, que não houve nenhum treinamento nem capacitação, nem seleção para ocupação do cargo.

Assim, inicialmente já se pode indicar a falta de capacitação como um indicador negativo ao sistema prisional, tendo em vista que a complexidade da atividade exige uma formação multidisciplinar que dê aptidões para compreensão da administração com enfoque na ressocialização, assim como o atendimento as exigências legislativas.

Na questão 03 foi questionado se o mesmo sentia falta de algum tipo de capacitação para exercer a sua função, e de forma incisiva o mesmo respondeu: " Sim, pela importância em ter conhecimentos necessários para enfrentar problemas na gestão da unidade", o que acaba por corroborar que de fato é um indicador a ser observado, principalmente quando se avalia a resposta do quesito 04, em que lhe foi perguntado sobre quais seriam, na opinião dele, as competências essenciais para o exercício do cargo de gestor prisional, e o mesmo respondeu: "liderança, compromisso, honestidade, psicológico e conhecimento", assim, a partir desse diagnóstico, a capacitação ou formação adequada é um indicador essencial a ser observado para a adequada gestão prisional.

Avançando a pesquisa, no intuito de se abordar a ressocialização dentro do ambiente gerencial, questionou-se na pergunta n° 06 se havia um planejamento estratégico governamental acerca da ressocialização na Colônia Penal Agrícola, e o mesmo respondeu que há um setor de ressocialização na SEAP com programas educacionais, o que demonstra um vago interesse público na ressocialização, tendo em vista que cada unidade prisional deveria realizar o referido planejamento. Esse diagnóstico fica reforçado quando se questionou na pergunta n°07 sobre a existência de projetos de ressocialização ativos, em que o mesmo respondeu que sim, para os que querem estudar, e para os que trabalham em afazeres dentro da Unidade num total de 20 vagas, informando também acerca da confecção de bolas para uma fábrica. Nota-se uma insuficiência de trabalho para os apenados, o que acaba por trazer uma ociosidade e em consequência inúmeros malefícios que impedem a ressocialização dos que não tem acesso a esses serviços.

No contexto da necessidade de liderança e de buscas de melhorias para a unidade, questionou-se na pergunta n° 08 sobre a iniciativa de busca de parcerias público-privadas para desenvolvimento de trabalho interno, bem como na pergunta 09 para descrever acerca dos pontos positivos e negativos. Nesses pontos, o gestor informou que fez parcerias, mas não com a iniciativa privada, e sim com o Judiciário e com a Prefeitura, que implantou o "Café Social" que é o oferecimento de alimentação no dia de visita, para melhor socializar as famílias com o apenado, em que o mesmo descreveu de forma positiva o resultado.

Nessa abordagem, se demonstra a ausência de busca para colocar em prática os incentivos legislativos de implantação de indústrias dentro dos presídios, haja vista que a lei oferece vantagens fiscais e trabalhistas para essa implantação, no entanto, sem uma busca por parte da gerência acaba por não trazer conhecimento aos empresários e nem incentivo para tal empreendimento.

Após o diagnóstico acerca do apenado, o questionário na pergunta nº 10 procurou saber como é feito o gerenciamento de recursos, se é utilizado algum software ou se é desenvolvido manualmente, e foi respondido que é feito manualmente, o que leva a outra indicação de fragilidade, já que é imprescindível o uso de tecnologias para uma adequada e eficiente gestão de recursos, dado a limitação da capacidade humana de armazenar muitas informações e controlar prazos entre outros.

Dando sequência, o questionário abordou sobre o gerenciamento humano de funcionários. Nas perguntas 11, 12 e 13, procurou-se saber sobre a frequência de reuniões com o superior imediato do referido gestor, sobre os principais assuntos, e, se haveriam critérios de avaliação de desempenho do cargo formalmente estabelecidos; sendo que o gestor informou que se reúne mensalmente e trata principalmente acerca de segurança e estrutura, bem como que desconhece quais são os critérios de avaliação.

O ponto supramencionado nos chama a atenção para o fator de que o tema da ressocialização não é tratado, portanto, aparenta não estar nas prioridades gerenciais. De outra forma, também evidencia uma inaplicabilidade da legislação que aduz sobre a principal finalidade da pena que é ressocializar. Por fim, transparece a confirmação do estigma social de abandono ao cárcere e pouco interesse na efetividade da ressocialização.

Nesse contexto de ressocialização, é extremamente necessário o trabalho do apenado, que reforça a ressocialização por oportunizar que ele não fique improdutivo, que possa aprender novos ofícios e que inclusive possa remir a sua pena.

Para tanto, aduz Lemos (1997, p.115) que:

> Dessa forma, o trabalho prisional como estratégia de ressocialização

deve ser planejado de forma a atender níveis de relação que gerem possibilidades de um clima agradável de trabalho, conciliação entre a satisfação dos apenados com o conteúdo da tarefa e a eficácia e desempenho das atividades, não utilizando o trabalho apenas como meio de mantê-los ocupados, e para tanto, esse planejamento deve passar pela criação de estruturas facilitadoras de integração onde prevaleçam os critérios de inovação e criatividade nas atividades desempenhadas pelos apenados, por um melhor relacionamento entre o grupo dirigente e o grupo de apenados, perspectivas de um futuro fora das fronteiras institucionais e, principalmente de gerar condições de capacitação profissional nos apenados, o seja, de levar para dentro dos presídios, um tipo de trabalho que seja capaz de torna-los aptos a, quando saírem em liberdade, enfrentarem um mercado de trabalho competitivo e, ao mesmo tempo, viabilizar condições para que através dessas atividades encontrem o equilíbrio entre a estrutura física e mental que possui importância capital para a ressocialização.

Deste modo, portanto, torna-se essencial que uma adequada gestão prisional promova formas de trabalho dentro do estabelecimento prisional, de modo a garantir a ressocialização.

Na sequência foi avaliado o relacionamento do referido gestor com seus subordinados. Para isso, nas perguntas 14, 15 e 16, questionou-se sobre a frequência de reuniões, principais assuntos e quais os critérios formais de avaliação eram adotados, sendo que o mesmo informou que se reunia diariamente, abordando temas de segurança, estrutura, fatores psicológicos e pessoais, bem como, informou ainda que não impunha um critério formal, mas que de maneira informal fazia essa avaliação. Essas respostas levam a conclusão da existência de uma preocupação com o bem-estar pessoal de seus subordinados, porém, através desse tipo de ação não é possível estabelecer conexões diretas com procedimentos ressocializadores para os apenados. Trata-se de um bom sinalizador.

Como contraponto, também deve-se ressaltar a importância da efetivação de processos de avaliação formais entre superiores e seus subordinados para que se estabeleçam objetivos mensuráveis e se persiga o aperfeiçoamento das funções executadas pelos servidores. Esse tipo de processo evidencia a existência de práticas gerenciais profissionais voltadas para a melhoria do desempenho. A falta dessas práticas denota justamente o contrário.

Procurando ainda traçar um diagnóstico mais aprofundado, foi questionado na pergunta 17, qual seria a maior dificuldade de gerenciamento do quadro de funcionários, e este respondeu que seria o "quantitativo de pessoal que é insuficiente para a demanda". A falta de pessoal é uma preocupação para o cumprimento da missão de qualquer empresa, porém, na atividade carcerária se torna ainda mais dramático. A carência desse requisito leva a crer que problemas ainda maiores que devem estar acontecendo nessa unidade prisional, portanto, ainda mais difícil se torna executar procedimentos de ressocialização.

A pesquisa evolui para a tentativa de entender o gerenciamento de recursos. Dessa forma, questionou-se no quesito 18 se as unidades prisionais são avaliadas por algum tipo de indicador e quais seriam, e foi respondido de forma negativa, que não existe. Em seguida, questionou-se através da pergunta 19 se ele sentia falta de algum tipo de métrica e ele respondeu que: "sim, deveria haver critérios claros de avaliação e indicadores", o que demonstra que o poder público, nesta área, não trabalha com um planejamento que estabeleça metas e objetivos a serem alcançados.

Avança-se na pesquisa com a intenção de entender o gerenciamento de recursos e dos direitos dos apenados. Nas perguntas 20, 22 e 23, foram questionadas, respectivamente, sobre qual seria a maior dificuldade no gerenciamento de recursos, se haveria alguma ferramenta tecnológica sobre o controle e a individualização da pena, procurando saber ainda se seria satisfatória, além disso, se quis saber se os recursos seriam suficientes para as necessidades prisionais. O gestor respondeu que a maior dificuldade era a insuficiência de recursos, e que não havia na unidade nenhuma ferramenta tecnológica e os recursos não são suficientes, "porque existem demandas principalmente de ordem estrutural que não são resolvidos facilmente".

Nesses aspectos, evidenciam-se inúmeros problemas a serem elencados, como a necessidade de destinação de mais recursos para operacionalização da unidade, principalmente quanto ao desenvolvimento de ferramentas tecnológicas para auxiliarem os gestores prisionais. A gravidade da ausência dessas ferramentas transfere o controle da pena para outros órgãos, como foi informado na resposta da questão 21, em que se questionou se haveria algum controle sobre o tempo da pena de cada apenado, acerca de prazos e o gestor respondeu que: " O controle da pena é feito pela Vara de

Execuções Penais e também pela Defensoria Pública".

Salienta-se a gravidade e a urgência de adoção de medidas gerenciais prisionais, quando se diagnostica que não se faz um controle de pena, pois como se sabe, o judiciário e a defensoria pública não atuam de ofício, precisam serem provocados, de modo que na ausência de informações acerca do cumprimento de prazos, acabará por ter inúmeros presos com direitos violados.

Procurando entender a visão do gestor acerca da ressocialização, se questionou se na visão dele as garantias previstas na Lei de Execução Penal seriam cumpridas, e quais são as dificuldades encontradas e o mesmo respondeu: "Sim, porém não ao pé da letra, principalmente pela questão estrutural", evidenciando que há um reconhecimento que é insuficiente a estrutura prisional atual.

Questionou-se nos quesitos 25 e 26 se havia algum projeto de assistência ao egresso do sistema penitenciário, assim como, na visão dele, quais seriam as necessidades de mudanças que tornariam efetivas a ressocialização, e o mesmo respondeu que não havia nenhum projeto da parte penitenciária, mas que haveria incentivos legais na contratação de trabalho do egresso, bem como que o Estado deveria incentivar principalmente no ingresso do egresso no caminho da educação e do mercado de trabalho, o que denota um reconhecimento institucional na falta desse assistencialismo.

Para verificar sobre a necessidade de mudanças físicas na organização, no quesito 27, o gestor respondeu que seria necessário e a construção de mais unidades projetadas representaria a situação ideal.

Através da questão 28, foi perguntado ao gestor se ele considerava seus subordinados motivados a trabalhar, tendo o mesmo dado uma resposta afirmativa, informando que a equipe se arrisca diariamente e busca sempre melhorias apesar das dificuldades.

Por fim, questionou-se por meio da pergunta 29 se existe algum fator desestimulante ao trabalho, obtendo-se a seguinte resposta com a transcrição literal: "Há sim, vários, mas o principal é a falta de incentivo e o não reconhecimento da importância nossa para a classe política e para a sociedade".

Essa resposta, leva a evidência de que o sistema penitenciário tem total desprestígio social e político, o que acaba por não trazer incentivo de investimentos e, consequentemente, piorando a situação continuamente.

Trabalhando os resultados obtidos a partir do diagnóstico são evidenciados problemas como a falta de formação profissional dos gestores com a necessidade de mais capacitação voltado ao gerenciamento; a falta de habilidade gerencial em instituir medidas de ressocialização, como, por exemplo, firmando parcerias; além da inadequação de gestão de recursos por falta de aparelhamento adequado, tornando o processo lento e ineficaz.

Sabe-se que um grande avanço se dá com a utilização de ferramentas tecnológicas nesse processo, sendo essencial essa utilização para se mudar o quadro inicialmente destacado.

Evidencia-se, portanto, que há necessidade de implementação de medidas que gerem eficácia na aplicação da Lei, de maneira a se pensar em uma readministração. Vejamos o conceito dado por Caravantes (1996, p. 2):

> Readministração é uma forma de gerir as organizações contemporâneas, de tal sorte que consigamos, de um lado, organizações eficientes (produtivas), eficazes (que atinjam de forma sistemática e continuada os resultados planejados) e efetivas (que levem em consideração sua responsabilidade pública, cultivem a ética em seu desempenho) e, de outro lado, indivíduos satisfeitos e recompensados com e pelo que fazem.

Essa reflexão envolve a eficiência como uma questão ética e necessária do serviço público. Cruz (2003, p.29) traz um modelo de gestão diferenciado em que houve um bom resultado.

> Um exemplo diferenciado é a Apac de Sete Lagoas, cujo trabalho é realizado em um centro de ressocialização construído pelo Estado e administrado com a participação de funcionários estaduais, em parceria com a Apac local. Outro tipo é a Nova Lima, onde, com o apoio de administradores e economistas, está sendo feito o planejamento das receitas e das despesas, e se espera ter, em breve, um presídio autossuficiente. Em Conselheiro Lafaiete, no cinturão verde de Belo Horizonte, está sendo planejada uma Apac Agrícola. Outra Iniciativa organizada pelo Tribunal de justiça é a Escola Judicial que tem divulgado o método aos juízes discutindo a Lei de Execuções penais, a ressocialização dos presos, etc.

Analisando esses modelos, amplia-se a possibilidade de trabalho em conjunto com outros atores sociais, como uma via de possibilidade de gestão eficaz. Necessário, então, uma gestão que tenha um mínimo de capacitação gerencial para administrar recursos e, conjuntamente, ter uma formação humanística adequada para gerir um presídio. Se mostra imprescindível também a presença de um planejamento pautado pelos fatores apontados neste trabalho.

4.3 DA GESTÃO VOLTADA PARA AGROINDÚSTRIA E A POSSIBILIDADE DE PARCERIAS PÚBLICO PRIVADAS COMO ALTERNATIVA DE RECURSOS

É notório ao logo da pesquisa evidenciar que a ausência de recursos é um fator mencionado tanto ao longo das informações de fechamento de colônias penais, bem como pelo gestor entrevistado no tópico anterior.

O Poder Público sofre uma pressão popular de impopularidade de investimentos em presídios, pois a maioria da população é leiga e não entende a importância da ressocialização como forma de combate ao crime. A ideia leiga da sociedade é atribuir a pena como um castigo ao apenado, de modo que acaba por desestimular os gestores públicos, tendo em vista que a maioria política adota discursos que atendem a anseios sociais, mesmo que desfavorecendo indiretamente os mesmos.

O estigma carcerário é identificado ao longo de toda pesquisa, de modo que é preciso haver uma gestão inovadora e despida de preconceitos sociais para enfrentar o problema. Uma alternativa para implementação da agroindústria nos presídios, pode se dar através de Parcerias Público Privadas – PPP.

No Brasil já existe a implementação de PPP para construção e administração de presídios, como exemplo do Complexo Prisional Público Privado, em Minas Gerais. Aduz Reis, Assis e Fernandes (2016), que na referida modalidade se objetiva a entrega de um serviço específico, em que a empresa privada estabelece um contrato de longo prazo com o poder público e pode fomentar atividades como construção, administração e prestação de serviços.

Complementa Minhoto (2000), que as PPP se transformaram em uma possibilidade de aumento de investimento no referido setor, sem exceder o orçamento, ofertando um serviço mais eficaz, compartilhando os riscos da atividade envolvida com o poder público.

No entanto, as PPP sofrem diversas críticas de estudiosos, principalmente quanto a ausência de controle estatal acerca do cumprimento adequado de um serviço essencial.

Explica Reis, Assis e Fernandes (2016, p. 54) que:

> No caso das PPP em presídios, são muitas as situações em que o Governo (Principal) não consegue observar as ações das empresas privadas envolvidas na PPP (Agente). Por exemplo, o Governo não consegue observar a qualidade dos alimentos, acomodações e limpeza que são oferecidos aos detentos, a qualidade dos materiais utilizados pela Construtora para construir o presídio, ou, ainda, a qualidade do serviço de ressocialização, parte importante do processo penitenciário. Portanto, os contratos envolvendo PPP para presídios podem apresentar problemas de Risco Moral, fazendo com que a qualidade do serviço seja inferior a desejada (ótima) e causando perdas de bem-estar social.

Dessa forma, é preciso considerar que as PPP podem ser alternativas para o cárcere desde que devidamente fiscalizadas e controladas pelo poder público. A proposta que a presente pesquisa considera viável é a parceria com empresas agroindustriais, que seriam contratadas exclusivamente para promoção de ressocialização através do trabalho, de modo que a referida empresa seria responsável pela instrução dos detentos, operacionalização de máquinas, venda dos produtos, enfim, todas as atividades ligadas ao trabalho, de modo a retirar um ônus do estabelecimento prisional, tendo em vista que a maioria dos gestores não possuem formação adequada para o desenvolvimento desses trabalhos, bem como já possuem muitas atribuições administrativas e de segurança, o que acaba trazendo ineficácia as tentativas de ressocialização.

CONSIDERAÇÕES FINAIS

Ficou demonstrado grave problema de superpopulação carcerária no Brasil, bem como condições desumanas de tratamento, que deve ser levado em consideração no exame final de possibilidade de ressocialização, dado de o tratamento de condições de sobrevivência interfere diretamente na possibilidade de ressocialização no Brasil.

É notável o descumprimento da Lei de execuções penais, quando se verifica que os estabelecimentos prisionais não proporcionam trabalho, condições dignas de sobrevivência, de modo a também falhar no objetivo da ressocialização. A partir desse contexto inicial, foi possível identificar o trabalho como uma ferramenta de ressocialização efetiva, já que conforme a pesquisa, o trabalho proporciona a profissionalização, a remissão de pena e retira a ociosidade, além de estar atrelado a fatores morais, o que leva a oportunizar o apenado a se reintegrar de maneira integra na sociedade.

Cumpre-se relembrar o dever do Estado de promover essa reinserção do ex detento ao mercado de trabalho, de modo ele não precise voltar a delinquir para obter provimentos básicos.

Necessário ressaltar que cabe igualmente ao estado retirar o estigma social dado a população carcerária, oportunizando que ele consiga efetivamente mudar de vida e deixar a criminalidade, sendo essa a forma mais eficiente de combate a violência no país, o se mostra uma tarefa complexa, dado os recursos humanos e financeiros observados nesse contexto.

Ao fazer o levantamento dos estabelecimentos prisionais agrícolas do Brasil, notou-se já de início a defasagem quanto a colocação de apenados em regime de cumprimento fechado, em estabelecimento que deveriam servir apenas para o regime semiaberto, bem como também se identificou o inverso, presídios que deveriam abrigar apenas o regime fechado, estando com população de regime semiaberto, o que causa outro entrave na execução de atividades, dado que a periculosidades dos apenados atrelados a estrutura de segurança do estabelecimento é essencial para o efetivo trabalho de ressocialização.

Evidenciou-se que apenas na Região Sul todos os estados possuíam estabelecimentos prisionais agrícolas, seguidos das Regiões Norte, Sudeste e centro-oeste, que possuem metade de seus Estados com os referidos estabelecimentos, ficando por último a região Nordeste, que possui em menos da metade (44,4 %) de seus estados os referidos estabelecimentos.

Dentre os estabelecimentos identificados, é importante destacar os que se observou um resultado positivo, do ponto de vista de possibilidade de implementação de trabalho agrícola como um trabalho viável e eficaz a ser desempenhado por detentos. Destaca-se os seguintes: 1. Colônia Agrícola de Santa Izabel (CAPSI) – PA: o projeto Nascente desenvolve atividades nas modalidades de palmípedes (criação de patos), suinocultura (criação de porcos), compostagem (produção de adubo orgânico), meliponicultura (criação de abelhas sem ferrão), olericultura (hortaliças), tubérculos e fruticultura e este ano começou a criação de frangos caipira (avicultura); 2. Colônia Penal Agroindustrial – PR: a colônia desenvolve várias atividades agroindustriais, no entanto, não se identificou atividades agrícolas propriamente ditas, mas sim produtos industrializados; 3. Colônia Penal Agrícola Gal. Daltro Filho de Charqueadas: foi evidenciado o Projeto Estufa I, em 2016 com a produção de morangos no referido estabelecimento. 4. Penitenciária Agrícola do Espírito Santo: com o cultivo da horta desde 2013, por meio do projeto Cultivando a Liberdade. Os detentos trabalham na plantação e colheita de diversos alimentos como alface, couve, hortelã, rúcula, batata doce, milho, beterraba, alecrim e manjericão. 5. Colônia Agrícola Marco Aurélio Vergas Tavares de Matos: com a implantação do Projeto Replantando Vida, no Rio de Janeiro, sendo o primeiro viveiro de mudas florestais de Mata Atlântica instalado em uma unidade prisional. 6. Colônia Penal Agrícola das Palmeiras: no Estado do Mato Grosso, identificou-se a em que os detentos que trabalham na lavoura, tiram leite e criam frango ou suíno recebem pela comercialização dos produtos e mão de obra empregada. Desse valor metade é dividido com o centro de ressocialização e é usado para garantir o funcionamento da estrutura, compra de insumos, manutenção e compra de maquinários e equipamentos.

A partir dos estabelecimentos destacados se pôde observar a efetiva possibilidade de implementação de atividades agroindustriais, que pode ser expandida por todo o Brasil, não se demonstrando nenhuma diferenciação acerca do regime de pena adotado, conseguindo trazer efetividade tanto ao regime Fechado, quanto ao semiaberto.

Passando a analisar a atual forma de gestão prisional, observa-se que não é uma gestão voltada a ressocialização, diagnosticando ainda falta de formação profissional adequada e falta de recursos como empecilhos ao adequado gerenciamento.

Atrelado ao problema de gestão, encontra-se ainda os estigmas sociais que não pressionam o governo para melhoramentos no cárcere, eivados pela visão leiga da pena enquanto um castigo e ainda por não entender que a ressocialização é o caminho viável para redução de criminalidade.

Com essas condições demonstrou-se que as Parcerias Público privadas-PPP, seriam uma alternativa viável tanto de forma econômica, sem a necessidade imediata de dispêndio governamental, bem como por se constituir em uma gerência voltada para resultados, e destinadas exclusivamente a fomentar a ressocialização.

Evidencia-se que se têm a necessidade de um melhor aproveitamento da mão de obra carcerária, de modo a afastar o ócio, e contribuindo para sua ressocialização.

Ao atribuir um ofício e oportunizar uma profissionalização o preso diminui o estigma de inutilidade social, propiciando a possibilidade de reingresso bem como a redução de gastos do Poder público com sua estadia na prisão.

Constata-se que não se pode resolver o problema da

ressocialização com apenas uma conduta, visto que vários fatores influenciam, desde as condições carcerárias, atreladas a oportunização de trabalho e adequada gestão prisional voltada a ressocialização, no entanto, ao abordar de forma sistemática essas condutas é possível obter inúmeras melhorias, dentre elas, quanto ao preso efetivar a ressocialização, através de sua profissionalização, remissão da pena e progressão de regime, quanto a gestão pública, reduzir os gastos com alimentação e manutenção, dado que parte dos rendimentos com o trabalho do apenado deve ser direcionado para o estabelecimento, e por fim, quanto ao setor agroindustrial, pode haver um desenvolvimento dado a mão de obra barata e incentivos fiscais governamentais para os empresários, oportunizando o crescimento da atividade e geração de lucros, além de contribuir para um meio ambiente ecologicamente equilibrado.

Ressalte-se que o sistema carcerário, possui ampla possibilidade de experiências multidimensionais, e que precisa ser incentivado a mais pesquisas, dado sua relevância social. Sugere-se para pesquisas futuras a possibilidade de uma pesquisa ação, através de parceria entre a Universidade com técnica de qualificação para desenvolvimento de agricultura, para diagnóstico acerca da real efetividade prática da implementação.

Ademais, é necessária uma fomentação legislativa de políticas públicas voltadas a profissionalização, e ressocialização, bem como a implementação de práticas sustentáveis, que deve ser uma obrigação social da gestão pública.

REFERÊNCIAS

ALEXANDRE, João Paulo. **Projetos de ressocialização de presos ganham espaço em Goiás**. Disponível em: https://www.emaisgoias.com.br/projetos-de-ressocializacao-de-presos-ganham-espaco-em-goias/. Acesso em: 05 Fev 2019.

ALLANIC, Louis. Políticas Públicas de Segurança Pública: a questão do sistema prisional. **Revista Eletrônica de Ciências Sociais**. Ano 2, vol 4, agosto/2008.

ALMEIDA, Gustavo Fonseca de. **Agricultura familiar: Estratégias produtivas de base ecológica e aplicação dos princípios da agroecologia**. Dissertação (Mestrado) Universidade Federal de São Carlos, 2008.

ARAÚJO, Richard Medeiros de; OLIVEIRA, Alrivaneide Lourenço de. **Complexo Penal Estadual Agrícola Mário Negócio:** o agente penitenciário e a reintegração social do interno sob os parâmetros da crise no sistema prisional brasileiro. Canoas, n. 38, 2018. Disponível em: https://revistas.unilasalle.edu.br/index.php/Dialogo/article/viewFile/4273/pdf. Acesso em: 05 fev. 2019.

BARBOSA, Paulo Henrique Dias; RENA, Thierry Brustolini Oliveira; BOTELHO, Maria Izabel Vieira. **Agricultura, Trabalho e Sustentabilidade: a produção de uma horta ambientalmente sustentável na APAC em Viçosa, MG**. Disponível em: http://www.cbcn.org.br/simposio/2010/palestras/horta.pdf. Acesso em: 15 jan. 2018.

BATISTA, Nilo. **Concurso de agentes**. 2. ed. Rio de Janeiro: Lumen Juris, 2004.

BIZATTO, F. A. C. **A Pena Privativa de Liberdade e a Ressocialização do Apenado:** uma reavaliação das políticas existentes no sistema prisional. 2005.

BRASIL. **Código Penal - DECRETO-LEI No 2.848, DE 7 DE DEZEMBRO DE 1940.** Disponível em: http://www.planalto.gov.br/ccivil_03/decreto-lei/Del2848.htm. Acesso em: 07 fev. 2019.

BRASIL. **Constituição da República Federativa do Brasil de 1988.** Disponível em: http://www.planalto.gov.br/ccivil_03/Constituicao/Constituicao.htm. Acesso em: 07 fev. 2019.

BRASIL. **Lei de Execução Penal**- LEI N° 7.210, DE 11 DE JULHO DE 1984. Disponível em: http://www.planalto.gov.br/ccivil_03/LEIS/L7210.htm. Acesso em: 07 fev. 2019.

CARAVANTES, Geraldo R. CARAVANTES, Cláudia B.; WESLEY, Bjur. A **Administração e qualidade: A Superação dos desafios**. São Paulo: Makron Books, 1997.

CARÔLLO, Marcelo / Agencia RBS. **Projeto pioneiro de reinserção social para apenados completa um ano.** Disponível em: https://gauchazh.clicrbs.com.br/noticia/2017/03/projeto-pioneiro-de-reinsercao-social-para-apenados-completa-um-ano-cj5wmbx5v1w47xbj00eh0fe1j.html. Acesso em: 06 fev. 2019.

CARVALHO, Márcio Eurélio Rios de; AMARAL, Vitor Hugo de Assunção do; Washington Santos; SENA, Felippe Emanuel Dinali. **São João del-Rei:** apontamentos histórico-jurídicos. Saberes Interdisciplinares – São João del-Rei, MG, no 12, p.87-108, jul./dez. 2013.

CASTRO, Clarice Castro/ GERJ. **Projeto ecológico auxilia na ressocialização de egressos no Rio de Janeiro**. 2014. Disponível em: https://fotospublicas.com/projeto-ecologico-auxilia-na-ressocializacao-de-egressos-rio-de-janeiro/. Acesso em: 07 fev. 2019.

CECATO, Maria Aurea Baroni. **Direitos laborais e desenvolvimento: Interconexões**. Boletim de Ciências Económicas, v. LI, p. 01-21, 2008.

CHARNESKI, Marco. **Garota de 17 anos entra na Colônia Penal Agroindustrial e passa a noite com presos**. 2018. Disponível em: https://www.tribunapr.com.br/noticias/seguranca/adolescente-de-17-anos-passa-noite/. Acesso em: 04 fev. 2019.

CONSELHO NACIONAL DE JUSTIÇA- **Banco Nacional de Monitoramento de prisões- Cadastro Nacional de Presos**. Brasília; agosto de 2018. Disponível em: http://www.cnj.jus.br/files/conteudo/arquivo/2018/08/987409aa856db291197e81ed314499fb.pdf. Acesso em: 18 set. 2018.

CRUZ, Maria do Carmo Meirelles Toledo. **Humanização da pena Privativa de Liberdade**. São Paulo, 2003.

CUNHA, Juliana Lira da Silva e. **Cidade Sustentável: uma análise legal sobre o tema e o estudo de caso na cidade de Belém, Pará**. In: Âmbito Jurídico, Rio Grande, XV, n. 105, out. 2012. Disponível em: http://www.ambito-77juridico.com.br/site/?n_link=revista_artigos_leitura&artigo_id=12360&revista_caderno=5. Acesso em: 10 out. 2017.

DEAP. Departamento de Administração Prisional. **Colônia Penal Agrícola de Palhoça**. Disponível em: http://www.deap.sc.gov.br/index.php/unidades-prisionais/unidades-prisionais-grande-florianopolis/440-colonia-penal-agricola-de-palhoca. Acesso em: 05 fev. 2019.

DEAP. Departamento de Administração Prisional. **Penitenciária Agrícola De Chapecó**. Disponível em: http://www.deap.sc.gov.br/index.php/unidades-prisionais/14-oeste/412-penitenciaria-agricola-de-chapeco. Acesso em: 05 fev. 2019.

DEPEN. Departamento Penitenciário. **Colônia Penal Agrícola do Paraná – CPA**. Disponível em: http://www.depen.pr.gov.br/modules/conteudo/conteudo.php?conteudo=27. Acesso em: 05 fev. 2019.

DIAS, Giullianne. **Produção de mel promove reinserção de presos e ajuda a preservar espécie nativa**. 2017. Disponível em: http://www.susipe.pa.gov.br/noticias/produ%C3%A7%C3%A3o-de-mel-promove-reinser%C3%A7%C3%A3o-de-presos-e-ajuda-preservar-esp%C3%A9cie-nativa. Acesso em: 05 fev. 2019.

DIAS, Giullianne. **Trabalho é o caminho da reinserção de detentos na Colônia Agrícola de Santa Izabel.2016.** Disponível em: http://www.susipe.pa.gov.br/noticias/trabalho-%C3%A9-o-caminho-da-reinser%C3%A7%C3%A3o-de-

detentos-na-col%C3%B4nia-agr%C3%ADcola-de-santa-izabel. Acesso em: 04 fev. 2019.

DIAS, Sandro. **Educação Ambiental e os Novos Paradigmas de Sustentabilidade no Meio Carcerário**. Disponível em: https://editorarealize.com.br/revistas/fiped/trabalhos/TRAB ALHO_EV057_MD1_SA38_ID4724_30092016193552.pdf%3 E. Acesso em: 15 jan. 2019.

Dissertação (Mestrado em Gestão de Políticas Públicas) – Universidade do Vale do Itajaí.

ESPINOZA, Olga. **A mulher encarcerada em face do poder punitivo**. São Paulo: IBCCRIM, 2004. (Monografias/IBCCRIM; 31).

FEGURI, Dainir. Internos da Penitenciária Agrícola expõem produtos na GranExpoES. Disponível em: https://gneroalternativaspenais.blogspot.com/2011/08/interno s-da-penitenciaria-agricola.html. Acesso em: 15 jan. 2019.

FLICKR. **Colônia Penal Agrícola General Daltro Filho - Charqueadas/RS**. 2017. Disponível em: https://www.flickr.com/photos/ssp_rs/sets/72157686265256 725/. Acesso em: 05 fev. 2019.

FONSECA, J.J.S. **Metodologia da Pesquisa Científica**. Fortaleza: UEC,2002.

GIL, A.C. Como elaborar projetos de pesquisa. 4 ed. São Paulo: Atlas, 2007.

GERHARDT, Tatiana Engel; SILVEIRA, Denise Tolfo. **Métodos de pesquisa**. Porto Alegre: Editora da UFRGS,2009.

GRANJA, Cícero Alexandre. **O dano ambiental e o desenvolvimento sustentável – uma breve reflexão**. In: Âmbito Jurídico, Rio Grande, XVI, n. 108, jan 2013. Disponível em: http://www.ambito-juridico.com.br/site/?n_link=revista_artigos_leitura&artigo_id =12628&revista_caderno=5. Acesso em: 10 out. 2017.

GULLA, Marcel Vinícius; CAMARGO, Regina Aparecida Leite de. **Adesão dos (as) agricultores (as) do assentamento Sepé Tiarajú - Serra Azul/SP ao Programa de Aquisição de Alimentos (PAA) e ao Programa Nacional de Alimentação Escolar (PNAE) e análise quali-quantitativa da produção agrícola direcionada aos respectivos programas**. 8º Congresso de extensão universitária da UNESP, p. 1-4, 2015. Disponível em: http://hdl.handle.net/11449/142157. Acesso em: 15 jan. 2018.

G1. GLOBO. **Detento é morto a pedradas na Colônia Penal Agrícola de Santa Izabel do Pará.**2018. Disponível em: https://g1.globo.com/pa/para/noticia/detento-e-morto-a-pedradas-na-colonia-penal-agricola-de-santa-izabel-do-para.ghtml. Acesso em: 05 fev. 2019.

G1. GLOBO. **Por falta de vagas, presos do semiaberto que deveriam trabalhar de dia e dormir no presídio ficam fora da cadeia em Goiás.** Disponível em: https://g1.globo.com/go/goias/noticia/2018/08/08/por-falta-de-vagas-presos-do-semiaberto-que-deveriam-trabalhar-de-dia-e-dormir-no-presidio-ficam-fora-da-cadeia-em-goias.ghtml. Acesso em: 05 fev. 2019.

GP1. **Colônia Agrícola Major César.** Disponível em: https://www.gp1.com.br/topicos/colonia-agricola-major-cesar/. Acesso em: 03 Fev 2019.

INFORMAÇÕES PENITENCIÁRIAS- INFOPEN. **Levantamento Nacional de informações Penitenciárias.** Junho de 2016. Brasília: Ministério da Justiça e Segurança Pública. Departamento Penitenciário Nacional, 2017. Disponível em: http://depen.gov.br/DEPEN/depen/sisdepen/infopen/relato rio_2016_22-11.pdf. Acesso em: 04 jan. 2019.

JACOBI, P. et al. (orgs.). **Educação Ambiental, cidadania e sustentabilidade.** São Paulo: Cadernos de Pesquisa, n. 118, p. 189-205, março/ 2003.

JULIAO, E. F. **A Ressocialização por meio do estudo e do trabalho no sistema penitenciário brasileiro.** Revista em Aberto, Brasília, V. 89, p. 141-155, nov. 2011.

LIMA, Hellen Soares. **A administração no sistema prisional: um estudo das competências Gerenciais. Dissertação** (Mestrado em Gestão Estratégica de Organizações) – Fundação Mineira de Educação e Cultura FUMEC). Belo Horizonte, 2007.

LEMOS, Ana Margarete. **O Trabalho Prisional como Estratégia de Ressocialização.** 1997. 130 f. Dissertação (Mestrado em Administração) – Programa de Pós-Graduação em Administração. Escola de Administração. Universidade Federal do Rio Grande do Sul. Porto Alegre, 1997.

LOCATELLI, Liliana. **Desenvolvimento na Constituição Federal de 1988.** In: BARRAL, Welber (Org.). Direito e Desenvolvimento: análise da ordem jurídica brasileira sob a ótica do desenvolvimento. São Paulo: Editora Singular, 2005.

MAISPB. **Preso foge da Colônia Penal Agrícola de Sousa.** 2018. Disponível em: http://www.maispb.com.br/252618/pelo-menos-um-preso-fugiu-de-colonia-penal-agricola-em-sousa.html. Acesso em: 06 fev. 2019.

MELO, J. S. M. et al. **Atuação da equipe interdisciplinar da defensoria pública do Estado do Pará nas casas penais: um relato de experiência.** Belém: Defensoria Pública do Estado do Pará, v. 1, n.1, jan./jun.2014.

MIRABETE, Júlio Fabbrini. **Código de processo penal interpretado.** São Paulo: Atlas, 1997.

MOREIRA, H. L. F. **Trabalho, códigos, gratidão e reciprocidade na prisão:** um estudo de caso na Penitenciária de Parnamirim, no Estado do Rio Grande do Norte. 2007. Tese (Doutorado em Ciências Sociais) – Universidade Federal do Pará.

MUÇOUÇAH, Paulo Sérgio. **A política nacional de resíduos sólidos e a geração de empregos verdes.** Bahia – base e análise, Salvador, BA, v. 12, jul/set, 2010. Disponível em: http://www.pnud.org.br/IDH/DesenvolvimentoHumano.aspx ?indiceAccordion=0&li=li_DH. Acesso em: 11 out. 2017.

NUNES. L. V. de O. **A Ressocialização do preso no município de Paragominas:** uma abordagem jurídica. 2012. Monografia (graduação do curso de Bacharel em Direito) – Faculdade Integrada Brasil Amazônia.

O ESTADO. **Colônia agrícola está abandonada no Cariri.**2014. Disponível em: http://www.oestadoce.com.br/ceara/colonia-agricola-esta-abandonada-no-cariri. Acesso em: 05 fev. 2019.

OLIVEIRA, Valter; CHAVEZ, Fátima. **Justiça Social e Desenvolvimento Sustentável.** Rev. Bras. de Agroecologia, Vol. 1, nº. 1, nov. 2006.

PNUMA, OIT, OIE, CSI. Empregos Verdes: Trabalho Decente em um Mundo Sustentável e com Baixas Emissões de Carbono, Brasília, 2009.

PRADO, Luiz Regis. Curso de Direito Penal Brasileiro, vol.I. São Paulo: **Revista dos Tribunais.** p. 583. 2004.

PRATA, Renata. **Centro de Ressocialização Agrícola Palmeiras passa por reestruturação e recebe novos recuperandos.** Disponível em: http://www.mt.gov.br/-/4639395-centro-de-ressocializacao-agricola-palmeiras-passa-por-reestruturacao-e-recebe-novos-recuperandos?inheritRedirect=true. Acesso em:

05 fev. 2019.

REIS, Magnus dos; ASSIS, Rodrigo Salvato de; FERNANDEZ, Rodrigo Nobre. **Desenho Contratual de Parcerias Público-Privadas para Presídios**. Brasília-DF, EALR, V. 7, n° 1, p. 53-70, Jan-Jun, 2016.

SACHS, Jeffrey. **Revolução Azul:** a aquacultura poderá manter a qualidade de vida e evitar a destruição dos oceanos. Scientific American Brasil, São Paulo. Disponível em: http://www2.uol.com.br/sciam/artigos/a_promessa_da_revol ucao_azul.html. Acesso em: 11 fev. 2019.

SECOM; Governo de Rondônia. **Colônia Agrícola Penal Ênio Pinheiro-   CAPEP   I.** Disponível em: https://www.google.com/search?q=COL%C3%94NIA+AGR %C3%8DCOLA+PENAL+%C3%8ANIO+PINHEIRO+(CA PEP+I)&rlz=1C1SQJL_pt-BRBR804BR804&source=lnms&tbm=isch&sa=X&ved=0ahU KEwjQjdu9ipTgAhVSnKwKHaniBWUQ_AUIECgD&biw=1 366&bih=657#imgrc=P8cLU3mVP9lz2M. Acesso em: 06 fev. 2019.

SEJC. Secretaria de Estado da Justiça e da Cidadania. **CPEAMN - Complexo Penal Estadual Agrícola Mário Negócio**. 2017. Disponível em: http://adcon.rn.gov.br/ACERVO/sejuc/Conteudo.asp?TRAN =ITEM&TARG=89229&ACT=&PAGE=&PARM=&LBL= UNIDADES%20PRISIONAIS. Acesso em: 05 fev. 2019.

SEJUDH. Secretaria de Estado de Justiça e Direitos Humanos. **Colônia Penal Agrícola de Palmeiras**. Disponível em: http://www.sejudh.mt.gov.br/colonia-penal. Acesso em: 05 fev. 2019.

SEJUS. Secretaria de Estado da Justiça do Espirito Santo. **Penitenciária Agrícola está passando por reformas**. 2018. Disponível em: https://sejus.es.gov.br/Not%C3%ADcia/penitenciaria-agricola-esta-passando-por-reformas. Acesso em: 05 Fev 2019.

SERIS. Secretaria de Estado de Ressocialização e Inclusão Social. **Colônia Agroindustrial São Leonardo**. Disponível em: http://www.seris.al.gov.br/unidades-do-sistema/colonia-agro-industrial-sao-leonardo. Acesso em: 02 fev. 2019.

SIP-MP. Sistema de Inspeção Prisional do Ministério Público. **Relatório Anual do Sistema Prisional**. 2018. Disponível em:

http://www.cnmp.mp.br/portal/institucional/151-institucional/11176-capacidade-e-ocupacao. Acesso em: 04 jan. 2019.

SOUSA, Williã Taunay de. **Empregos Verdes**: Sustentabilidade e Geração de Trabalho, Renda e Inclusão Social. Sousa, 2013.

SOUZA, Natália (G1.com). **Presos do semiaberto são postos em liberdade por falta de estrutura em AL**. 2013. Disponível em: http://g1.globo.com/al/alagoas/noticia/2013/12/presos-do-semiaberto-sao-postos-em-liberdade-por-falta-de-estrutura-em-al.html. Acesso em: 02 fev. 2019.

SUL21. **Local da morte de 33 detentos, presídio de Roraima volta a registrar tumulto**. 2017. Disponível em: https://www.sul21.com.br/ultimas-noticias/geral/2017/01/local-da-morte-de-33-detentos-presidio-de-roraima-volta-a-registrar-tumulto/. Acesso em: 05 fev. 2019.

SUSIPE. Superintendência do Sistema Penitenciário do Pará. **Centro de Recuperação Silvio Hall de Moura – CRASHM.** Disponível em: http://www.susipe.pa.gov.br/unidade-prisional/baixo-amazonas/santar%C3%A9m/centro-de-recupera%C3%A7%C3%A3o-silvio-hall-de-moura-crashm. Acesso em: 05 fev. 2019.

SUSIPE. Superintendência do Sistema Penitenciário do Pará. **Projetos Sociais.** Disponível em: http://susipe.pa.gov.br/content/projetos-sociais. Acesso em: 05 fev. 2019.

TERRA: [livro eletrônico]: **Qualidade de Vida, Mobilidade e Segurança nas Cidades.** SEABRA, Gionanni (org]João Pessoa: Editora Universitária da UFPB, V 2, pág. 1.232, 2013.

TJCE. Tribunal de Justiça do Ceará. **Juiz determina que Colônia Agropastoril do Amanari seja desativada até o final de maio.** 2011. Disponível em: https://www.tjce.jus.br/noticias/juiz-determina-que-colonia-agropastoril-do-amanari-seja-desativada-ate-o-final-de-maio-2/. Acesso em: 03 fev. 2019.

VARGAS, Diogo. **Colônia Agrícola de Palhoça deve receber empresas e reforçar trabalho prisional.** 2018. Disponível em: https://www.nsctotal.com.br/colunistas/diogo-vargas/colonia-agricola-de-palhoca-deve-receber-empresas-e-reforcar-trabalho. Acesso em: 05 fev. 2019.

VIGNE, Valmor. **Prisão e Ressocialização: (In)ocorrência na**

Penitenciária Agrícola de Chapecó. Dissertação de Mestrado em Direito. Universidade Federal de Santa Catarina. Florianópolis, 28 fev., 2001.

www.ingramcontent.com/pod-product-compliance
Lightning Source LLC
Chambersburg PA
CBHW061350160726
47995CB00001B/254